新・実学への道

人 生 の 応 援 歌

松永 美弘

学 文 社

ま え が き

　上毛三山（赤城山，榛名山，妙義山）の景観に包まれて，烏川のそばに立つ高崎商科大学に赴任して 17 年目になります。近頃はすっかり私もこの町の住民になったと実感しています。行きつけの喫茶店もいくつかできました。その中のひとつで，毎週日曜日の午後にドイツ語教室をもたせていただき，20 歳代から 80 歳代のドイツ語に関心のある人たちとの楽しい学びのひと時があります。私は大学時代からドイツ語が好きで，ボランティアとして始めたこの教室は 8 年も続いています。これは，現在の私の楽しみのひとつです。

　さて，前著『新・実学の学び』を出版して以来，3 年が経ちました。幸い，多くの読者から面白かったという評価をいただいたことは大きな喜びでした。経営学を学び，私自身の人生を振り返りながら考えてきたことは，私の人生そのものが実学への歩みであったということでした。そこで，実学への歩みをテーマにして書き綴ることにしました。もちろん，私は大学入学以来 45 年にわたり多くの失敗を経験してきました。そのため，自分の経験を思い出しつつ書き進めることは苦しみを伴う作業でした。しかし，本書を書くことは私の使命であると気づき人生の応援歌として出版することにしたのです。

　第 1 章では，大学入学から 45 年間の歩みを順を追って書き記しました。私は実学を中心とした学校で学び，やがて教鞭を執るという人生を歩んできました。山あり谷ありの連続でしたが，いつしか自分の歩んできた人生を対象化してみようと思うようになりました。

第2章では，慶應義塾大学ビジネススクール時代，人間にとっての幸福は満足感の満たされ具合だ，という小野桂之介先生の説に大いに教えられ考えさせられることがあり，私なりの考えを述べました。人間にとっての幸福は昔も今も永遠のテーマといえるでしょう。

第3章では，未来志向型戦略について考えました。人生でも，経営でも，必要なことは，未来を想定して現在を生きること，すなわち努力の方向性を考え，計画し，実行することだとする，私流の考えを述べました。

第4章では，仕事と労働と人生は生活の根本的な問題であるとして，自分なりの意見を述べさせてもらいました。

第5章では，実人生における経営や仕事上の問題で特に留意すべきことを4点取りあげました。人間力と学習，長期の視点，リスクについて，環境変化に対応する人生論ですが，どれも私が人生で突き当たった問題点です

第6章では，会社や社会でのリーダーシップが必要とされる経営者の能力について考えました。これは経営者だけではなく，社会生活においても必要であり，その重要性を考えて再掲載することにしました。

第7章では，私の使命感ともいえる人生の応援歌のことを書きました。これが私の現在の心境です。

付・用語解説は，経営戦略の学習に便宜を図るために掲載いたしました。

以上全7章と付・用語解説からなる本書によって，私がこれまで実学としての経営学を学び，社会で経験したことに自分なりの区切

りをつけることができたのではないかと考えています。

　なお，本書には著者がこれまで発表してきた論文に加筆修正した
ものが多くあります。それぞれに対応する初出は，巻末一覧の通り
です。

　本書を書き上げるにあたって，多くの方々のお世話になりました。
とりわけ学問と人生に関連したことでお世話になった方々のお名前
をあげて感謝の念を表します。

　山田鋭夫先生（名古屋大学名誉教授）には，1971年秋からの滋賀
大学経済学部での教養ゼミナール以来，私を励ましつづけて下さり，
今でも応援していただいています。

　小野桂之介先生（慶應義塾大学名誉教授）には，1984年の慶應義
塾大学ビジネススクール入学以来言葉で言い尽くせないほどお世話
になりました。そして今でも良き指導をしていただいています。

　故野口祐先生（慶應義塾大学名誉教授）には，慶應義塾大学大学
院博士後期課程以来長きにわたり，研究者として未熟だった私を導
いていただきました。先生は最高の研究者であったのみならず，教
育者としても素晴らしい方でした。野口先生は昨年（2016年）ご逝
去されました。ここに謹んでご冥福をお祈りいたします。

　本書の作成に当たり，内容のチェックをしていただいた高崎商科
大学講師の内田成先生と旧友の野近和夫さん，ワープロ打ちを手伝
ってくれた萩原和さんにも記して感謝します。

　最後に出版事情のきびしい中で，本書の出版を快く引き受けてく
ださった学文社の田中千津子社長に感謝いたします。

2017年1月30日

松永　美弘

目　　次

第1章　実学への道―私の 45 年間の歩み―　………　10

1. はじめに ……………………………………………………10
2. 滋賀大学経済学部時代 …………………………………13
3. 慶應義塾大学ビジネススクール時代 ………………16
4. 博士後期課程時代 ………………………………………20
5. 岡崎女子短期大学時代 …………………………………22
6. むすび ……………………………………………………24

第2章　人間の行動メカニズムと経営資源の活用 …　29

1. 満足感を求める人生戦略 ………………………………29
2. 経営資源の活用 …………………………………………34

第3章　未来志向型戦略の周辺 …………………………　41

1. はじめに ……………………………………………………41
2. 未来志向で考える ………………………………………41
3. 学習するということ ……………………………………43
4. ラーニングカンパニーとラーニングマン ………………45
5. 3つの領域から考える …………………………………46
6. MBA について …………………………………………47

7. 情報を集める ……………………………… 48
8. モチベーションを高める ……………………… 50
9. トレーニングについて ……………………… 51
10. 手がかりについて……………………………… 51
11. むすび ………………………………………… 52

第4章　仕事と労働と人生 ……………………… 55

1. 豊かな仕事生活 ……………………………… 55
2. 仕事と就職 …………………………………… 59
3. 労働と人生について ………………………… 63
4. 能力について ………………………………… 69

第5章　実学アラカルト ………………………… 75

1. 人間力と学習 ………………………………… 75
2. 長期の視点 …………………………………… 78
3. リスクについて ……………………………… 81
4. 環境変化に対応する人生論 ………………… 85

第6章　経営者能力論 …………………………… 90

1. 望ましい経営者能力とその体系化 ………… 90
2. 先見性のある態度と企業家精神 …………… 96
3. 管理者型の経営者 …………………………… 98
4. 経営者能力の要 ……………………………… 104

目　次 7

第7章　私の人生の応援歌 ……………………………… 106

1. はじめに …………………………………………… 106
2. 私の人生と転機 …………………………………… 107
3. 人生と恩師 ………………………………………… 109
4. 学生に向けて ……………………………………… 110
5. 研究領域と将来展望 ……………………………… 113
6. むすび ……………………………………………… 114

付・用語解説……………………………………………… 115

初出一覧…………………………………………………… 133

人名索引…………………………………………………… 135

事項索引…………………………………………………… 136

新・実学への道

―人生の応援歌―

1

実学への道―私の 45 年間の歩み―

1. はじめに

　2015 年 2 月 6 日，私は 63 歳半ばにして整形外科による首の手術を受けました。病名は頸椎後縦靭帯骨化症という難病指定の病気の一つです。手術は無事に終わり，3 日後からは手足の機能回復のためのリハビリが始まり，現在も続いています。ただし，大学には 4 月から復帰し教鞭をとっています。手足の機能回復はまだ完全とは言えませんが，多くの方の手助けをいただき，授業に支障をきたすことのないように努力しています。とりわけ，大学構内の移動は歩行器の使用を許可していただき，大学側の大きな協力に感謝しています。

　私は過去に 2 回入院したことがあります。1997 年に胆石症による胆のう摘除の手術をうけ 9 日間入院しました。次に，2008 年に左顔面神経麻痺により 12 日間入院しましたが，これは点滴による治療のみで手術は必要ありませんでした。

　振り返ってみれば，人生には思わぬ障害があるものですが，無事に乗り越えることができたことには感慨深いものがあります。このたびの手術を機に思うことは，やはり健康がいかに大事かということです。病院でお世話になった先生方や看護師さん，心配してくれた友人，知人，家族その他多くの人たちに支えてもらっての私であ

ると，感謝の思いでいっぱいです。そして，このたびの47日間の入院生活は64年の人生を振り返る良い機会にもなりました。

　古くから私を知る多くの人は，私のことを図体のでかい，態度の大きい奴という印象をもたれていることでしょう。大学時代には80キロだった体重が，卒業後いつしか90キロになり，どんどん増え続けて今から3年前には130キロにまでなっていました。自分でも肥満であると認識はしていたのですが，特に大きな病気をしているわけではないからと，自分に甘く，痩せることは考えていませんでした。ところが2013年6月のこと，大学の看護師の先生から「松永さん，睡眠時無呼吸症の疑いがあるので検査してみたらいかがですか」と思わぬ忠告をいただきました。そこで，紹介された呼吸器内科で検査，測定してもらったところ，なんと睡眠中に呼吸が2分20秒も止まっている時があるとのことでした。重症の中の軽症と診断されました。その治療として夜間はシーパップ（CPAP）という酸素マスクのようなものを鼻につけて，休むようになりました。

　シーパップの効果は大きく，次の日からすっかり体調がよくなり驚きました。つまり，それまでは熟睡できていなかったのです。寝不足だと分かってはいたのですが，ほかに原因があると思っていたのです。それまでは睡眠時間を増やせばよいと単純に考えていましたが，この診断の結果，何時間寝てもそれだけでは効果がないことが判明しました。

　シーパップをつけて寝ることで熟睡ができるようになった途端，朝早く，すっきりと目が覚めるようになりました。同時に生活が一変し，早朝の時間，読書や勉強に有効に時間を使うことができるよ

うになりました。30年近く諦めていた寝不足による倦怠感のようなものが治ったのです。体が元気になると，今度は勉学意欲や仕事への意欲，さらに大きくいうと人生を前向きに生きることへの意欲が出てきました。つまり，健全な身体になったことで，健全な精神が育くまれてきたということです。

　加えて，内科の先生から，体重を減らすようにアドバイスしていただき，減量に励むようになりました。まず，整形外科で理学療法士から筋肉トレーニングを教わり，週4〜5日ほど通いました。栄養管理士からは食生活の指導を受け，毎日体重計に乗り，記録してゆきました。その結果，1年半の間に130キロあった体重は110キロに落ちたのです。そして体調も万全になったと喜んでいた矢先の今回の病気でした。

　整形外科で筋トレに励んでいた時，どうも首の動きが変だと思うようになり，2014年6月に高崎市内の病院でCTスキャンの検査を受けました。その映像から，これは頸椎後縦靭帯骨化症だと診断されましたが，首の動きだけで他に何の症状も出ていませんでした。その時はしばらく様子を見ることにしました。半年たち12月に入り，手や足にしびれを覚えるようになりました。「もしかして」と不安になり，今度はMRIの検査で見ていただくと，手術を勧められたのです。

　紹介状を持って，高崎総合医療センターの整形外科を訪ねたのは年末の12月24日クリスマスイブの日でした。担当医となった新井厚医師はMRIのデーターをパソコンで何度も見て，「手術ですね」と一言。手術の決心がつかず，「もう少し様子を見ます」と1か月後の予約をして帰ってきました。お正月といっても，家の中にいて

何も手につかず，悶々として過ごしました。

　それでも大学の授業が始まり，1月10日には東京での学会に出席，17，18日の2日間はセンター試験で大学に詰め，23日に年度最後の授業を終えると，張り詰めていた糸が切れるように手も足も動かなくなったのです。手足の麻痺はますますひどくなり，生活に大きな支障が出て，一人で外出することもできない辛い状況に陥ったのです。そこで，「もう，手術しかない」と，決心するに至ったのです。

　2月2日に入院し，4日後の6日に手術と決定されました。入院してまもなくのこと，若い看護師さんに心境を聞かれました。「人生の大きな試練を受けていますよ」と，私はしんみりと答えました。無事に手術を終えることができ，24日間の入院生活を終え，次にリハビリ専門の病院に転院し，続いて24日間毎日リハビリに励みました。今もリハビリ中ですが感慨深いものがあります。

　この世に生を受けて64年間，振り返ってみれば大小様々な山坂を経験しながら，今を迎えていると思い至りました。歩んできた道を振り返るとき，私は大学時代からこれまでの45年間を書き残しておきたいと思うようになりました。そして再び，今を出発点として新たに歩を進めていきたいと思っています。

2.　滋賀大学経済学部時代

　1971年4月，私は滋賀県彦根市にある滋賀大学経済学部に入学しました。滋賀大学は旧制彦根高等商業学校の伝統を受け継いだ大学ですが，前身は彦根高商と呼ばれた有名な実業学校でした。彦根

市は京都から東へ電車で1時間ほどのところにあります。今では町おこしで，彦根城とゆるキャラのひこにゃんで知られていますが，当時は牧歌的な田舎町で，何もかもがゆったりと流れているという感じの町でした。私はここで5年間，今思えばお山の大将のように過ごしました。

　大学生活は学生寮からスタートしました。学生寮は大きく，200人収容で毎年1年生の半分以上の人が入寮していました。男ばかりの歓迎コンパは，酒，酒，酒という思い出しても激しく凄いものでした。

　大学の校舎の大半は木造で，かなり古い建物も残っていました。入学式を終え，しばらくしてクラブの勧誘に合いました。私は中学，高校と水泳をしていたこともあり，迷うことなく水泳部に入りました。プールは50メートルプールですが，浄化装置も何もない古いプールでした。このプールで初めて泳いだのは4月の末で，寒さのために頭が痛くなったつらい思い出があります。クラブの練習は毎日午後2時から始まります。クラブ優先のため，授業は必然的に出なくなりました。クラブ合宿になると1週間大学構内の合宿所で寝泊まりし，朝から一日中泳いでいました。5月末ごろからは大学同士の対抗戦に招かれたり，招いたりしながら実力をつけていく日々でした。

　10月になり，大学1年の前期試験では授業に出ていないため，ドイツ語はさっぱりできなかったという苦い経験があります。これでは進級できないのではないかと心配になりました。そんな時でした。本来，自分がやりたかった勉強に目が向き始めたのです。哲学の高田彬先生のデカルトの『方法叙説』を読むプレゼミに入りまし

第1章 実学への道─私の45年間の歩み─ 15

た。また山田鋭夫先生のプレゼミでは内田義彦の『社会認識の歩み』をテキストで読み，読みながら考えるという繰り返しをしました。この山田鋭夫先生とは，以来，現在に至っても弟子の一人としてお付き合いさせていただいています。次に，内田義彦の『資本論の世界』に出会いました。以後，近代経済学のサムエルソンの『経済学上，下』，マルクス経済学のマルクスの『資本論』全3巻をどのように読むかということで，これらのとてつもなく分厚い本に向き合うことになりました。

　水泳部の練習は室内プールではなく外にあるプールだったので，秋，冬は一時お休みすることになります。私は好きな読書に没頭する日々を送りました。廣松渉のマルクスに関する本を次から次にと読んでいました。とは言っても，勉強ばかりしていた訳ではありません。寮の仲間と酒を飲み，人生について，社会について時間を忘れて喋ったりもしました。

　2年の秋にはクラブの幹部交代が行われ，私はキャプテンになりました。その夏，近畿地区の国立大学の大会において200メートルバタフライで3位に入賞したことが，当時としては大きな喜びでした。キャプテンは3年の夏の終わりまで約1年間務めました。その頃，水泳部のメンバーは30人くらいでしたが，どんどん力をつけて強いクラブになっていました。関西の学生選手権の3部で，3年の時は3位でした。3部の1位と2位が2部と入れ替わるので，もう一歩のところだったのです。結局，4年の時に1年後輩の人たちが幹部となり，優勝して念願の2部に上がったのでした。このような水泳部の上昇期に自分がいたという小さな満足感があったのです。

　3年生になり，私はマルクス経済学ということで，松尾博先生の

専門ゼミに入りました。先生は非常に風格があり，威厳に満ちていました。そこでは，ヒルファーディングの『金融資本論』，やマルクスの『資本論』を読んでいました。先輩の中にはより上を目指して，大学院を受験する人たちがいました。東京大学や名古屋大学の大学院に合格し，進学していきました。私も大いに影響を受け，大学院進学を考えていました。しかし，私の勉強方法は読むことばかりで，書くことをおろそかにしていたと，大いに反省しています。

そして，大学生活はあっという間に終わりましたが，この間には語りつくせないいろいろな出来事がありました。短期のアルバイトもいくつか経験しました。女子大学生との交際も経験しました。若いときに田舎でゆっくり青春を謳歌できたこの5年間の思い出は，今では私の宝となっています。

大学院受験に失敗し，先の考えられなかった私は実家に帰ることにしました。父は従業員10人ほどの小さな町工場を経営していました。何もすることがないのなら，とりあえず手伝ってほしいといわれ，そのまま8年間働くことになったのです。不本意のまま続けていたのですが，やはりもう一度進学の夢を実現するべく，慶應義塾大学大学院経営管理研究科（慶應義塾大学ビジネススクール，KBS）に入学することになりました。実はこの時，私は結婚し妻と2歳の娘がいる身でしたが，父が経済的に援助してくれ，送り出してくれました。今は亡き父ですが，大いに感謝しています。

3. 慶應義塾大学ビジネススクール時代

1984年4月，慶應義塾大学大学院経営管理研究科，通称慶應義

塾大学ビジネススクール（KBS）に入学しました。3月末に少しの荷物を車に積み，家族3人で上京しました。私は8年前の彦根での大学生活を懐かしく思い出していました。好きな勉強ができる，沢山の本が読める，友と大いに語り合えると，あの田舎でのびのびと青春を謳歌した5年間が蘇ってきて，妻子のいる身でありながら，学生生活が満喫できると期待していました。

　入学式を終えると，すぐに軽井沢での合宿が始まりました。何の予備知識も持たずに入学し，軽井沢での合宿で何をするのかもわからずに出かけて行ったのです。第1日目の夜は，親睦会を兼ねたパーティーがありました。終了するや否や65名の同期生たちの表情には緊張の色が見えました。如何に鈍感な私でも異様に感じたものです。各人がそれぞれの部屋に帰り，翌日の予習勉強に取り掛かるということでした。廊下やロビーにはだれ一人もいません。楽しいパーティーの余韻は微塵もない，異様な空気に一体どうしたのかと廊下をウロウロしていた時，「君は何をしているのか」と，注意を受けました。ここでまず一つ，ガツンと頭を殴られたようなショックを受けました。ケース・メソッドという学習方法であったので，ケースの教材を前日に熟読し，自分の考えをまとめておくという予習のあることを知ったのです。

　そして翌日です。8人編成のグループに分けられて，50分のグループ討議をし，その後全員で90分の授業に入るというシステムでした。教師が意見を求めると，皆が手を挙げて自分の意見を発表するのです。私は8年間父のもとで働いてきたといっても，あまりにも小さな世界で大きな顔をしていた自分であったと気づかされました。正直，自分の甘さを痛感し，KBSでこれからやっていけるだ

ろうかとの不安でいっぱいになりました。KBS の勉強法や目指す
ところがわかっていれば、合格が決まってからの5か月間でコンピ
ューターなどの操作をはじめ情報処理、簿記会計をしっかりと勉強
しておくべきだったこと、大きく出遅れてしまったことで皆に追い
ついていけるだろうかと、当初は考えさせられました。しかし、持
ち前の厚かましさで「まあ何とかなるだろう、やってみるしかな
い」と、開き直ることにしました。しかし軽井沢での合宿は、私に
とって地獄のような体験だったとしか言いようがないものとなりま
した。

　MBA とは、Master of Business Administration という称号の略
で、入学前の5か月間、下調べもせず、情報を集めもせずに安穏と
過ごしていたのですから、完全に私自身の無知さ加減を思い知った
のです。65 人の同期生の出身も商学部、経済学部、法学部、文学
部、工学部と様々です。ともかく、この KBS に来ている人たちの
一部は企業から派遣されてきている人もいて、やる気でいっぱいで
す。皆が皆、熱心に勉強し、自分の能力を鍛えて社会で活躍すると
いう気迫に満ち満ちていたことに、私は圧倒されました。深夜まで
予習して、準備してから受ける授業は毎日が真剣勝負でした。幸い、
土・日が休みだったので、少しの休憩を取り、次の月曜日から5日
間また必死で勉強に向かうことができたのです。

　慶應義塾大学ビジネススクールは3学期制で、最初の3か月は訳
もわからず必死で皆に追いつこうとしている状態でした。1学期で
は、「会計」「マーケティング」「生産政策」「コンピューター」「組
織における人間行動」などの5つの基礎科目を中心として学びまし
た。

第1章 実学への道—私の45年間の歩み— 19

　9月から始まる2学期では,「労務管理」「ビジネスポリシー」「マネジリアルエコノミクス」「ファイナンス」とよりレベルの高い科目になりました。さらに厳しいことは,中間試験,期末試験があり,点数評価で不合格点をとったり,成績が悪いと進級できないのです。相当出遅れていた私は苦戦しました。まさに地獄のような生活でした。基準点に満たなければ退学です。留年してもう1年やり直すということができないのです。しかし,私はなんとか2年に進級できました。

　2年生になると,4月から修士論文の作成があります。私の修士論文は企業の事例研究と決め,フィールドリサーチとして工場見学にも行きました。この時の指導教授が小野桂之介先生で,以来現在に至っても大変お世話になっています。6月からは論文作成の準備に取り掛かり,資料調べをしたり,書いては修正の繰り返しで苦闘の日々でしたが,12月末の提出期限には間に合わせることができました。そして翌年1月の論文発表を無事に終えることができました。小野先生の懇切丁寧な指導があればこその修士論文であったと,先生には深く感謝しています。

　このような厳しく,苦しい日々の中でしたが,私は週1回,三田にある慶應義塾大学大学院商学研究科の野口祐先生のゼミに出席していました。出席するにつれて,私は商学研究科の博士後期課程に進学を希望するようになりました。受験には,第1外国語の英語と,第2外国語のドイツ語かフランス語のどちらかが受験科目として要求されます。私は英語とドイツ語で受験することを決めて,渋谷の語学学校にも夜間,時間の許す限り通うことにしました。

　私自身,KBSの方も必死で勉強しなければついていけない程な

のに，博士後期課程受験という大きな目標を持ち，両方勉強してき
たということに，「あの時，よく頑張れたなあ」と，つくづく思う
ものです。

修士論文は小野桂之介先生の指導のお陰で無事に合格させていた
だきました。そして，三田にある慶應義塾大学の大学院商学研究科
博士後期課程も運良く合格できました。この2年間は前進あるのみ
で必死に勉強した日々でした。

4. 博士後期課程時代

1986年4月，私は晴れて慶應義塾大学大学院商学研究科博士後
期課程に入学しました。私は野口祐先生のゼミに入りました。野口
先生は，経営学では世界的権威のある方でした。野口ゼミでは経営
管理論，国際経営，経営戦略という幅広い分野にまたがる研究で，
テーマはソフト経営学という新しい分野の開拓をされていました。
ゼミではドクター生がその都度個別に発表していくやり方でした。
ドクター生にとって博士論文は必須条件で何らかの公刊刊行物に論
文を載せなくてはなりません。私も1988年に『経営戦略のプラン
ニング』という本を初めて出版し，世に出すことができたことは大
きな喜びとなりました。

ところで，博士後期課程で学ぶようになり，教授の存在というの
はとても大きく，KBSでの先生と学生の関係が友好的で上下関係
をあまり感じることのない雰囲気とはまるで違っていました。早速
意識の転換をすることになりました。態度，礼儀，言葉遣いなど，
先輩を見習いつつ身につけていきました。今でも，野口先生のこと

は「御大—おんたい」と呼ばせていただいています。当時，博士後期課程に在籍していた人達は卒業後，各大学で教授としての立場を得て現在に至っても教鞭を執っておられます。

博士後期課程は通常３年間で満期退学となるのですが，私はオーバードクター生としてもう１年行くことにしました。この４年間を振り返ると，やはり充実した研究期間であったことは確かでした。この間に２度の短期語学留学を経験しました。１回目は博士後期２年目の夏にアメリカのバークレーで２か月間すごしました。諸外国の若い学生との学園生活に多くの楽しい思い出ができました。２回目は４年次でした。アメリカのスタンフォード大学研修で経験したことは今でも懐かしく蘇ってきます。

博士後期課程受験のために通い始めたドイツ語の語学学校は，商学研究科博士後期に入ってからも通い続けていました。この時期のドイツ語への情熱はその後の私の人生に大いに役に立ち，今現在も高崎でボランティアとしてドイツ語教室を持たせていただいております。

また，もう一つ，健康と趣味を兼ねて始めたのが，小太刀護身道，通称スポーツチャンバラでした。スポンジの入った短い棒をもって，剣道のように１対１で試合する武道です。これに関しては，趣味としての領域でしたが，後に岡崎女子短期大学の課外活動での同好会として，しばらく教えていたことがあります。私はどちらかというと，深く考え，悩むことなく，これと思うとすぐに始めてしまう性分のようです。即決で始めて，良かったと思うことと，失敗だったと悔やむことも数々ありますが，ドイツ語の勉強と小太刀護身道は「役に立った」「良かった」と思う部類に入ります。

博士後期課程も終わりに近づいたころ，公募で出していた岡崎女子短期大学に助教授として採用されることが決まりました。これで，人生2度目の学生生活6年間にピリオドをうち，4月からは新たに社会人として，再出発することになりました。

5. 岡崎女子短期大学時代

1990年4月，愛知県岡崎市にある岡崎女子短期大学経営実務科の助教授として赴任し，新しい生活に期待を持って臨みました。ここでは，経営学基礎，人間関係論，経営管理論，人事管理論，ビジネスゲームと色々な授業を担当させていただきました。この11年間は，教えることの楽しさと同時に，その難しさも感じていました。経営学の基礎ということで，1年生の経営学を教えながら，意外にも基本的な所を私自身が学ばせていただいたのです。教えながら学ぶ，あるいは学びながら教えるという感じでした。

また，先にも述べましたが，同好会としての小太刀護身道も体育館で午後のひと時，女子学生と軽い汗を流していたのです。これが地方の新聞やテレビの取材で取り上げられたこともありました。嬉しいニュースとして記憶に残る出来事でした。

4年目の夏でしたが，私はもっと視野を広げたいと考え1993年8月から翌年2月まで，イギリスのバーミンガム市にあるアストン大学のビジネススクールで7か月間在外研究に従事しました。その際，博士課程とMBAのプログラムにも参加し，勉強することができました。修了後にHonorary Visiting Professorの称号を頂き，とても光栄に思ったものです。アストン大学では，レイ・ラバレッジ

教授をはじめ多くの教職員の皆様にお世話になりました。

　ドイツ語は東京の語学学校で4年間勉強してきたのですが，私はドイツ語から離れられず，1998年4月から社会人入学で愛知県立大学の外国語学部ドイツ学科の夜間主コースに入学しました。夜6時から9時10分までの授業にほぼ皆勤で通い続けました。片道1時間の道のりを東名高速道路と山の中を走る県道を運転して大学に通ったのです。大雨の時，雪の日と随分怖い思いをしたこともありましたが，過ぎてみれば懐かしい思い出となりました。3年間で殆どの単位を取得していましたので，4年目は高崎商科大学に赴任が決まっていましたが，夏休みの集中講義だけで無事に愛知県立大学を卒業することができたのでした。

　一方，ドイツ語書籍の翻訳にも着手していたのですが，これはゆっくりと時間をかけて少しずつ5年かけて出版にこぎつけました。翻訳の手助けをしていただいた先生は静岡の山の中に住むドイツ語の達人といわれていた方で，時間を見つけては根気強く通い続けました。お陰様で，2000年3月にようやく『リーンマネジメント論』というドイツ語の訳書を出版することができました。

　岡崎での11年間は，振り返ってみれば記録に残しておきたい出来事が数々あり，私の「これと思うと，すぐに始める」という性格が功を奏したといえるのではないかと思う日々でした。そして，短大教員として11年間勤めた岡崎女子短期大学を去り，2001年4月からは群馬県高崎市にある高崎商科大学の教授として赴任することになりました。

6. むすび

　2001 年 4 月，私は高崎商科大学の創立と同時に赴任し，流通情報学部流通情報学科の教授として教鞭を執るようになり，今年は 17 年目になります。以上，大学時代から現在に至るまでの　45 年間を振り返り，大筋で事実を簡単にまとめ，書き記してきました。ここで，私自身大きく三つの流れがあることに気付かされました。どれも必要不可欠のものであり，それらをなくして現在はありえないと思うのです。その一つ目は経営学という実学のコースに乗って今に至っているということです。二つ目は大学時代から趣味として勉強し始めたドイツ語が博士後期課程受験に繋がり，愛知県立大学で 4 年間勉強し直したことで，ドイツ語の訳本を出版し，高崎でボランティアとしてドイツ語教室を持っていることに繋がっていることです。三つ目は大学時代から良き師との出会いを頂いて来たことです。これら 3 点に焦点をしぼって簡単にではありますが，書き残しておきたいと思っています。

(1) コースに乗る

　昔の旧制彦根高等商業学校の伝統を受け継いだ滋賀大学経済学部で学び，ゼミの先輩に習い上を目指し大学院を受験，しかし失敗して親元に帰ることになりました。この時不本意ではありましたが，片方では社会で働くことの意味を自分に問い直していました。父の経営する町工場は従業員が 10 人ほどの中小零細企業でした。従業員と一緒に肉体労働もするし，父と共に経営面でも参加するようになりました。若造のくせにと上からは押さえつけられ，下からはつ

つかれ，次第に肉体的にも精神的にも疲労困憊の状態になっていき
ました。経営面では父との意見の衝突も度々のことでした。時がた
つにつれ，「これで良いのか」と，自分の将来に不安を抱くように
なりました。そして，一大決心をして，慶應義塾大学大学院経営管
理研究科の受験となったのです。親元で働いた8年間は私にとって
長くもあり，短くもありました。経営する側の立場と，従業員の立
場の両方が少なからず理解できたと確信しています。

　慶應義塾大学ビジネススクールでは実務経験を持っている人が望
ましいということで，この8年間が有利に働いたのです。

　しかしKBSでのケース・メソッドの勉強は非常に高度な分析力
や知識の吸収力がないと授業についていけません。ここではその時
代の一番新しい経営学やアメリカ帰りの先生方から最先端の経営学
を学ぶことができました。そして私は修士論文の中で先生方の考え
ているアイデアをできる限り吸収して，『経営戦略のプランニング』
という本を執筆することができました。そして，KBSでの実践的
経営教育の枠内から一歩出て，研究方面に進む決心をしたことで，
慶應義塾大学大学院商学研究科の博士後期課程に進学したのです。
ここで4年間学んだ後，岡崎女子短期大学の経営実務科の教員とな
りました。そして現在，実学重視を標榜する高崎商科大学で教員と
して実学とアカデミズムの狭間のことを教えています。

　私のこれまでの勉強を振り返るとき，知識の連鎖を次から次へと
繋げていったことを実感しています。経営学という学びのコースに
乗って，時間はかかっても，着実に歩を進めてきた私の人生です。

(2) ドイツ語

　滋賀大学時代，第2外国語でドイツ語を選択したとはいえ，水泳

部の練習を優先したために授業に出席できず，先が危ぶまれました。それで3年生になり，自分で勉強を始めたら面白くなり，参考書を求めてコツコツ勉強を積み上げていきました。8年間仕事をしていた時も，暇さえあれば，ドイツ語の参考書を手もとにおいて勉強していました。もちろん独学でしたが，この頃すでにドイツ語が好きになっていたのです。後に，慶應義塾大学大学院博士後期課程受験の時はこれが大変役に立ちました。英語の他に第2外国語でフランス語かドイツ語を選択しなくてなりません。私は迷わずドイツ語を選択し，受験のためにハイデルベルグ学院で『クラウン独和辞典』を編集された信岡資生先生についてドイツ語の読解を学ぶとともに渋谷の昂教育研究所でも西尾豊先生（現在クルト外語学院）について，ドイツ語の読解の基本と応用を徹底して勉強しました。また，新宿のカルチャースクールでドイツ語学者として有名な藤田五郎先生の授業にも参加いたしました。お陰様で受験に合格できたのです。KBS 2年目のこの年は修士論文作成という課題もあり，ドイツ語と英語の両方の勉強にも集中した時間があり，全力投球で頑張った年だったと30年前が蘇ってきます。その後，博士後期課程の4年間に昂教育研究所の西尾豊先生の集中講義を受けるために，夏休みや冬休みに短期で学ぶ機会もありました。

　岡崎女子短期大学に赴任してからは，しばらくは趣味として一人で勉強していました。けれども，1998年4月から社会人入学で愛知県立大学の外国語学部ドイツ学科の夜間主コースに入学し，基礎からもう一度学び直すことにしました。短大教員としての職務を果たしながら，夜間に大学に通い勉強できたことは何よりもドイツ語が好きだという強い思いと，陰で応援してくれた家族の支えがあっ

たからだと思います。

　2000 年 3 月にドイツ語の訳本を出版できたことも，ドイツ語に
精通する先生に助けてもらってのことです。　2001 年に高崎商科大
学に赴任し，2009 年からボランティアで始めたドイツ語教室です
が，生徒さんも増えて楽しい学びの場となっています。

（3）良き師との出会い

　大学時代，私は水泳部で 1 年間主将を経験しました。体育会系で
あったこの時代，大変お世話になった体育の山内隆先生が先頃病気
で他界されました。81 歳でした。私は大学卒業後も毎年 OB 会に
出席し，先生のお宅にもお伺いしてご家族の皆さんとも親しくさせ
ていただいてきました。私はお別れに駆け付けたい思いがありまし
たが，自分の身体がまだ不自由なために失礼してお花を送らせてい
ただきました。出席した友人から，先生の奥様が大変喜ばれていた
と知らせてくれました。大学時代，山内先生は体育会の学生達をい
つでも自宅に迎え入れてくれ，よく相談にのってくださいました。
それゆえ多くの学生に慕われてきた先生でした。

　二人目は，滋賀大学水泳部顧問の江竜龍太郎先生です。江竜先生
は，文学とロシア語の先生でした。部活動で腹を空かせた若い学生
を焼肉屋に連れて行ってくれ，ご馳走してもらった思い出が今でも
忘れられません。江竜先生の面倒見の良さは格別でした。そして私
の結婚披露宴でもスピーチをしていただきました。その後，間もな
くして病気で他界されたことは残念でなりません。

　三人目は，大学時代に出会い，今でも勉強面でお付き合いのある
山田鋭夫先生です。山田先生は非常に優秀で真面目な方です。45
年前，内田義彦の『社会認識の歩み』，『資本論の世界』という本を

紹介され，私自身はこの頃からこれらの本に魅了され，熟読するようになりました。以来，山田先生から弟子の称号をいただき，現在に至っています。最近では 2015 年 7 月に東京での経営学の研究会にお招きして，講演していただきました。先生の研究は現在でも，高みを目指して勉強されていることで，私も大いに感銘した次第です。

　四人目は，慶應義塾大学ビジネススクール時代，修士論文の指導教授としてお世話になった小野桂之介先生です。当時，ワープロを持っていなかった私にご自分の研究室を提供して下さり，私の原稿を何度も見直し修正していただきました。卒業後も年 2 回の「楽道クラブ」と名付けられたゼミの OB 会を開催して下さり，私も毎回楽しみにして参加させていただいています。先生はとても多趣味で，人柄も良く，人望の厚さにいつも感服しています。

　五人目は，博士後期時代の野口祐先生です。先生のお陰でゼミ生として入学を許され，その後の大学教員への道が開けていったのです。先生は昨年 5 月に他界され，11 月には「野口祐先生を偲ぶ会」が開催されました。師の大恩に深く感謝するとともに私自身の立場を自覚し，研鑽を積む所存です。

　私には師と仰ぐ先生方との出会いが数々あり，これからも大恩を忘れず，大切にしていきたいと思うものです。

　以上は，私の 45 年間の歩みを大筋でまとめてみた自分史のようなものです。2014 年に出版した『新・実学の学び』につながる三つの大きな流れがあったことに，今回改めて気づかされました。しかし，これで終わることなく，再び今を出発点として新たに歩を進めていきたいと思っています。

2

人間の行動メカニズムと経営資源の活用

1. 満足感を求める人生戦略

　本章では，自分の人生戦略を考えるうえで考慮すべき事がらを小野桂之介の「豊かさと価値観」[1] を参考にしながら考えてみます。人は，とかく他人のことはよくみえても，自分のこととなると案外わかっていないものです。一度じっくりと自分の人生全体をみすえて人生戦略を考えるトレーニングをすると，日常生活のなかで思ってもみなかったことに気づいたり，誤った判断をしないですむことがあります。

　小野の話は，人生を考えるうえで有益な示唆を与えています。人生をわかりやすく図式化したものが図表2-1です。私は，これを人生のロードマップ（行程表）と呼んでいます。

　まず，小野は，豊かさについて，どのような議論が日本で広まりつつあるのかを指摘しています。それによると，「日本の経済は豊かになったが，精神は貧しい」，ゆえに「環境と家庭が犠牲になった」という議論があるということです。

　小野は，豊かさについての個々人の価値観の違いを前提としたうえで，すべての人にとっての豊かさとは何かを問うています。その解答として「豊かさとは幸福条件の満たされ具合である」と結論づけています。そして，この「幸福とは何か」という古くて新しい問

題に対して、「幸福とは欲求の満たされ具合である」と規定したうえで、欲求の追求をモデル化していくことにより、「豊かさ」と「幸福」の関係 ついてより詳細な議論を展開しています。

さて、人間がもつ欲求にはいろいろあります。まず、図表2-1の右端の満足感（幸福感）にすべての矢印が向いていることに注目してください。そして、その左隣には5段階に分けられた欲求が掲げられています。すなわち、下から順にみていくと生理的欲求→安全と安定→愛と集団所属感→自尊心→自己実現となります。

これは有名なアブラハム・マズロー[2]（A. H. Maslow）による欲求5段階説です。このマズローの欲求5段階説は、人間が生きていくなかでもつ諸欲求の優先順位に関する洞察です。この理論の焦点は、各レベルの欲求が、人間の心の中である普遍的な順序性をもって発生することです。はじめに発生するのは生理的欲求ですが、これは人間が生きていくうえで最低限必要なものを求める欲求です。すなわち睡眠、食物、水、空気、性などを求めることです。そしてこの生理的欲求がある程度以上満たされると、次に安全と安定を求めるようになります。さらには、愛・集団所属、他者からの評価・自尊心、そして、最終的には自己実現へと欲求のレベルが上位にシフトしていきます。これらの欲求は、若いころには自覚できていないことが多いようです。

ここで大事なことは、これらの欲求を支える統一した考え方です。一つ目は可能性への期待です。人間は自己への可能性を信じているから、いろいろなことにチャレンジできるといえます。二つ目は自由感です。人間は何かをする場合、そこにある程度自分自身の自由裁量余地があると感じなければ自発的には何事も行動したくないで

しょう。

　また，人間が何かを真剣にやるためには，そこにおもしろさや，スリリングな要素や，緊張感といったものが必要です。その際，こうした欲求要素のどれを優先するかは個人の価値観によって違ってきます。ですから，この同じ図表をみても，読者それぞれの考え方があり，人によって受けとめかたは千差万別になります。

　さて次に，この図表2-1の中央には，生活行動として，学習，仕事，娯楽，食，睡眠，性があげられています。これらの配分の比率は人によって異なっています。人は，家族や友人と関係をもちながらこれらの生活行動を行います。そして，ここで重要な影響を及ぼすのが，人生の残り時間と年齢という要因です。もちろん，年齢は人生の残り時間に関係します。たとえば，私は現在65歳です。10年経ったら私は75歳になります。若い人びととはもう残っている時間が歴然と違います。

　もうひとつ，年齢の要因から出ている，能力の箇所を見てください。能力には知識，技能，理性，感性，愛情，気力，体力などがあります。細かく分けるとこれだけに分かれます。

　さて，図2-1の左の方をみてください。所得，資産，可処分資金についてです。これは経営資源でいうカネの話の側面ですが，人生ではこの問題は必ず出てきます。経済的余裕つまり可処分資金は時間にも関係してきます。これが豊富にあれば，自分でいろいろなことができる可能性が高くなります。

　ところで，マズローの欲求5段階説と密接に関係しているのが自分の欲望の分析です。これを我欲の分析ともいいます。我欲の分析をしていくと，思わぬ欲望を自分がもっていることを発見して笑っ

32

図表 2-1 満足感を求める人間行動のメカニズム

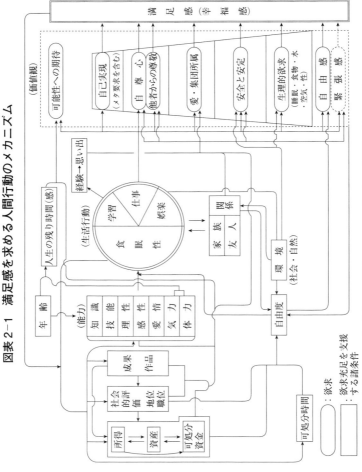

出所）小野桂之介「ヒューマンビヘイビアーの研究」ヒューマンルネッサンス研究所, 1992年, p.79

第 2 章　人間の行動メカニズムと経営資源の活用　33

てしまうことがあります。我欲の研究とは，例えば，自分の中にヒ
ト・モノ・カネ・技術・情報がどれくらいあって，どんなことがし
たいか，どんなふうになりたいかという自分の欲望の分析ですが，
これなしに，自分を軌道修正することはむずかしいものです。そも
そも自分の人生を軌道修正するという意識すらなくなってしまいま
す。馴れ合いの仕事をして，ただ年を重ねてしまうと，融通不可能
になり，精神がまいってきます。するとますます仕事ができない，
という悪循環に陥る可能性が高いようです。我欲の分析をする時に
は，この図表の因果図を参考にしてください。きっと今まで思いつ
かなかった新しい発見ができると思います。

　次に，能力の中の知識についてですが，知識は，既成の知識と新
しい知識に分かれます。知識は重要であり，知識を活用することに
より，他の人が想像もできないような難問題を解決することができ
るケースもあります。

　次に，技能についてですが，会社に入り，仕事を始めても上司は，
簡単に技能を教えてくれるとは限りません。技術者しかりで，見習
いが技術者と同じことをできるようになったら，経営者は，技術者
に高い給与を支払う必要性がなくなります。ですから，高給の技術
者は見習いに肝心なことは簡単には教えません。社会では知らない
人に親切に大事なことを教えると自分が損をする，と考えている人
が大勢います。メーカーの技術や技能は考え方だけでなく，その特
性にいたるまで知っておかねばなりません。それを教えてくれる人
は親切かもしれませんが，ひょっとしたらその人はもっと高度な知
識をもっているのかもしれません。

　この図表 2-1 は，レクチャーのように一方通行で行う資料とは

異なります。これは自分の人生を考える思考作業のための呼び水として作成されたものです。このように自分の一生を全体的に考えるトレーニングを積むことで，新しいより優れた人生戦略を作ることができると思います。

2. 経営資源の活用

経営資源を経営戦略の関係から取り扱ったものとしては，伊丹敬之[3] の『新・経営戦略の論理』があります。

伊丹の分類を参考にしてパラフレーズすると，経営資源には①人的資源，②物的資源，③財務資源，④情報的資源があり，それぞれの特徴は次のとおりになります。

(1) 人的資源

人的資源とは，ヒトに関する資源のことです。これには，現場労働者，技術者，セールスマン，管理職，経営者などさまざまな人が含まれます。工場で働く現場労働者は，現場での仕事を受け持ち生産活動に従事しています。その仕事では，作業の正確さや迅速性が必要とされ，通常は肉体的にハードな労働が多いようです。技術者は，新しい商品の開発や品質向上のための仕事に従事しています。さらに，技術者は研究者とエンジニアに区別され，研究者は基礎研究や応用研究を担当します。一方，エンジニアは，高度な技術を所有していて，現場での製造を管理したりもします。セールスマンは，自社の商品を販売したり，顧客のニーズ情報を集めたりします。このセールスマンの販売努力により商品が販売されます。管理職は，業務の流れがスムーズにいくように管理を担当します。組織活動に

は，有能な管理者が必要です。経営者には経営の才覚や責任感が必要です。つまり企業経営のトップとしての能力が要求されます。

(2) 物的資源

物的資源とは，工場，機械，原材料，部品，営業所や本社の建物や設備，備品のことです。工場や機械設備は，高い生産性を備えていることが必要です。特にメーカーの企業活動では，物的資源が大きな役割をもつことになります。原材料や部品も，高度な品質が要求されます。また売上高の向上のためには，高い機能をもった営業所を設置することが必要です。

(3) 財務資源

財務資源とは，設備投資資金や運転資金などカネを中心とした資源のことです。具体的には，企業が使用できる資金のことです。それには，企業の自己資金と共に負債能力が含まれます。自己資金とは，自分の手元にある資金のことです。負債能力とは，お金を借り入れることができる能力のことです。負債能力がなぜ財務資源になるのかというと，世間でもよく「借金も財産のうち」といわれるように，企業がお金を借りるには借入先に評価されることが必要です。通常は何もない人にお金を貸してくれることはありません。しかし，たとえば土地を所有していれば，それを担保にしてお金を借り入れて運用することができます。ですから負債能力は重要な財務資源なのです。

お金は，設備投資資金や運転資金として活用されます。設備投資にはお金がかかるので，通常は金融機関から借り入れを行います。設備投資の方法については，段階的に小規模な設備投資をするか，一挙に大規模な設備投資をするか，さまざまな投資の仕方がありま

す。巨大な投資をして一気に生産しても販売の見込みがあれば大きな投資をするのもよいでしょう。逆に，販売の様子をみながら，順次必要な設備を段階的に導入していく方が経営にとってリスクは少ないといえます。

次に運転資金です。企業会計の基本は，財務状態を示す貸借対照表（バランスシート）と一定期間の収支実績を評価する損益計算書に表されます。運転資金の管理にはこの両者を総合して考えることが必要です。これらは1期ごとの財務状態を表しています。企業は商品を販売して，その代金を回収し，仕入れに要したお金を支払う，という循環活動を行っています。仮に，儲けにはしり，過剰生産した場合には，仕入れ代金も増えます。つまり売上高も増えるが仕入れ高も増えます。通常，仕入れ代金の決済は，顧客から受け取った手形を割り引いて資金にあてることが多く，支払いは後になります。このような場合には，運転資金の管理に関する知識がとても大事です。

(4) 情報的資源

情報的資源とは，のれん，スキル，経営ノウハウ，企業文化，ブランドイメージ，流通チャネルの支配力，従業員のモラールの高さなどのことです。

のれんとは，企業の信用資産の一形態です。例えば会社や店で，番頭さんが店をやめて新しい店をだす時，どこの店の番頭だったかということによって信用ができます。これは昔の言葉でのれん分けといい，年月をかけて築きあげた信用といえます。

スキル（＝技能）には目にみえない形の技能が多く，それによって成果が上がって初めて技能があると判断できるケースが多いよう

です。

　自分の生活を振り返ってみても理解できるように，企業はいろいろなノウハウ（コツ）をもっています。ノウハウは何かを工夫することから生まれることが多く，仕事の効率を高めて良い商品を作ります。企業は，他社が簡単には真似ができないようなノウハウを考え出し，それを自社の競争力の源泉とします。それゆえに，ノウハウは情報的資源の中でも重要な役割をもっています。

　多くの企業は経営のノウハウを考えて，それを根付かすことによって力を発揮して，長年にわたって研究してきました。小さな企業が大企業に成長するには，他社とは違った特別なノウハウをもつ必要があります。新しい経営ノウハウを開発し，それを使用し，実行する。そうしてあげた成果の上に，さらなるノウハウの開発を積み上げていく，その循環活動を続けることで，厳しい市場競争に生き残ることができるのです。その意味では，企業の大小にかかわらず生き残っている会社は，いずれも他社にないノウハウをもっているはずです。重要なことは，そのノウハウをさらにグレードアップしていくことです。

　企業文化とは，企業独自の考え方です。仕事をするにあたり，やる気のある人をさらにやる気にさせる雰囲気が必要です。

　このような情報的資源は，企業の無形的財産とも呼ばれています。また，これには顧客の信用やブランドイメージが含まれます。いろいろな分野で，ブランド品といわれる商品があります。ブランド商品は確かに価格は高いけれど，自社のブランドを維持するために，企業は絶えず努力をしているのです。それが顧客に対する信用となっていますから，多くの客は高価であっても購入するわけです。

次は，流通チャネルの支配力です。チャネルは，マーケティング用語で販売ルートのことです。営業力が強く，多くの販売店をもっている会社は，ルートがあるので，新しい商品を開発して流通させていく時には，その商品は他社と同じレベルの品質であったとしても，大量に販売できます。大量に販売できると，大量に生産ができるのでより低いコストで作ることができます。さらにそれに顧客が評価してくれる付加価値がつくような何らかの高付加価値機能を付け加えていくと，今度は他社に比べて高く売ることができます。それも，しっかりした流通チャネルに支えられた強い販売力が有効に働いてはじめて実現できます。

従業員のモラールの高さとは，従業員の仕事に対するやる気です。モラールとは志気のことです。さまざまな仕組み，工夫，価値観の注入などモラールを高める方法は組織体によって違います。組織を円滑に運営し，業績を上げていこうとする人は，このことをよく考える必要があります。

(5) 経営資源の現状

総じていうと，経営資源の蓄積は通常はスローテンポでしか行えません。単にカネを出せばすぐに手に入るというものではありません。経営資源のなかにはカネを出せば簡単に手に入るものもありますが，のれんなどの情報的資源のように簡単には手に入らないものも少なくありません。こうした資源は，蓄積をしていこうと思ってもスローテンポでしかできないのです。例えば，ある会社を自分が考えるような会社にもっていこうと思ったら，あらゆる問題を解決していくのに大ていは10年くらいかかるといわれます。これに取り組む経営者は，本当に辛抱強くやっていかないと目標を実現でき

ません。

　以上では，蓄積というプラスの方向で話をしてきましたが，逆に，マイナス，つまり蓄積がなくなってしまうということも企業経営ではよくあります。たとえば，1990年代の初めから，日本でリストラクチャリングという言葉が流行しました。リストラクチャリングとは，本来は「事業の再構築」という意味でした。ところが，急激な危機の中で高賃金の管理職の首切りによる固定費の削減という安易な方向に進みました。そのため，知識や目にみえない技術などが，安易に解雇された人とともに会社からなくなってしまうという現象が発生していたのです。その結果，今まで巧く作動していたいろいろなことが作動しなくなりました。つまり，本来もっていた蓄積がマイナスになったのです。このように，誤った経営判断が貴重な経営資源の蓄積を食いつぶしてしまうということがしばしばあります。激しい競争で生き残って，たとえ業績が悪くなっても経営資源の蓄積がある企業には復活できる可能性がありますが，資源があまりにも枯渇して手の打ちようがなくなると，簡単に復活することは難しくなります。何か問題があって，マイナス面がとても大きくなってきたら，どれか一つに特化してプラスに転換していくような努力をしなくてはいけません。なお，経営資源を経営資産と経営資源に分けて考える論者もいます[4]。

注

1）小野桂之介『ヒューマンビヘイビアーの研究』ヒューマンルネッサンス研究所，1992年，pp. 78-85

2）マズロー，A. H., 小口忠彦訳『[改訂新版] 人間性の心理学』産能

大学出版部，1987年（Maslow, A. H., Motivation And Personality (Second Edition), Harper & Row, 1954）。あまりにも有名なマズローの欲求5段階説ですが，誤解・曲解を受けているとの指摘としては，沼上幹「欲求階層説の誤用」『組織戦略の考え方』（筑摩書房，2003年）が詳しい。

3）伊丹敬之『新・経営戦略の論理』日本経済新聞社，1984年，pp. 47–82

4）和田充夫・青井倫一・矢作恒雄・嶋口充輝『リーダー企業の興亡』ダイヤモンド社，1989年。同書では経営資源を経営資産（ストック）と経営資源（フロー）に分けて考えています。そして，「経営資源の何を保有しているか」より「経営資源をどれだけタイムリーに調達できるか」を重視し「経営資源の所有」は「足かせや機会喪失にもなることもある」（同書，p. 55）と指摘しています。

3

未来志向型戦略の周辺

1. はじめに

　現代は，競争社会といわれています。そのなかで，私たちはどのように生きていくのかを考えていきます。具体的には，過去の自分はどうだったか。現在の自分はどうか。将来の自分はどうありたいか。この3つの考え方で話を進めていきます。

　一般的には，「過去の自分はこうだった。そして現在はこうだ」と，まずは考え始めるようです。私が学生諸君に推奨しているのは，まず，「将来の自分」を頭の中で描いてみることです。そこで「現在の自分」は今のままでよいのか，さらに，過去から現在に至るまでに自分はどれだけ成長したのかを考えるのです。このように考えることで，頭の中で描いた将来の自分に一歩ずつ近づいていく，そんな考え方です。つまり，未来志向に重点を置くことで，これからの人生を切り開いていこうとする考えです。

2. 未来志向で考える

　多種多様の情報が飛び交うなかで，私たちは自分にとって何が大事か，興味があるなしの基準で情報を識別し，日々生活しています。しかし，そこには失敗もあります。たとえば，学生の場合，テキス

トに書かれていない教師自身の体験談や多くの事例など，授業に出席していないとそれを聞き逃してしまい，テキストだけの知識しか得られなくなります。このように，機会はあっても聞き逃したり，見逃したり，気づかなかったりして，自分にとって必要な情報を正確にキャッチすることはむずかしくなるといえます。そこで，未来を見通すことから現在を考えます。自分に何が足りないのか，その何かを認識し，補っていくことから新しい人生戦略を展開することが可能になるのです。

　もちろん，未来を見通すということは難しい話です。そこで，私は未来志向型とか，未来勝者型というコンセプトで考えています。たとえば，技能の習得という点ではどうでしょうか。私たちは何かの技能を習得する際，それに関わる，時間・労力・カネなどのコストや人生のリスクのことを考えていきます。人によって労力の使い方は違います。たとえば，一つの言語の基礎をマスターするのに大体2000時間以上必要だといわれています。それをたった50時間の勉強で「語学はむずかしい。自分には無理」といってあきらめたら，これは努力不足でお話になりません。

（補注）未来から考える

　私は，拙著『新・実学の学び』で次のように未来志向型戦略について述べています。私の話をわかりやすくするために引用いたします。

　「自分の人生を過去・現在・未来と分けて考えるときに，よく現在について過去から考えることを大事だという人がいます。それ自身は正しいのですが，それだけでは十分ではありません。私はそれに対して，未来から過去と現在を見ていくことをすすめています。つまり未来の自分か

ら見て現在の自分に不足しているものを発見することです。それをさらに過去と現在を比べて，参考にすべきことを明らかにしていくことです。いうなれば，常に未来からの視点を持ってほしいということです。

　具体的にいえば，自分が将来ドイツ語の専門家になろうと思うなら，そのためのドイツ語の知識や教養をどのように身につければよいかを考えることです。そして自分のしたいことできることしなければならないことを明らかにし，必要なことを列挙して優先順位をつけて考えることが大事です。人生は長期の視点と未来からの志向があるかないかで大きく変わってきます。ぜひ一度，自分の人生のロードマップ（行程表）を考えてください。」（拙著『新・実学の学び』学文社，2014 年，pp. 128-129）

　ところで，経営学にギャップ分析という方法があります。現在と未来にどれだけのギャップ，どんなギャップがあるのか，ということを事細かに取り出します。この中には，先天的な能力を要求されることもありますが，これは努力のしようがありません。だからといってすぐに断念するのは早急すぎます。環境変化や，状況の変化によって，思いがけず運が向いてくることもあります。ともかく，自分の能力に限界をつけないで，必要な能力を身につける努力を惜しまないことです。

3. 学習するということ

　習熟効果というのがあります。英語の TOEFL や TOEIC の試験は，練習問題を解いてトレーニングをしていくと，点数が伸びていくと言われています。つまり，何かの学習をしていく過程で，習熟効果がみられるということです。自分に合った習熟効果を出すやり

方を考えて，実行してみるとよいでしょう。

　大学生は，大学での知識をベースに思考力を増大させていきます。大学生にとっての勉強方法は，1年，2年で理論研究のベースを作るということです。その道の研究者になった人たちの話ですが，論文作成の段階で「ベースを作るための期間は時間を要するが，ベースができたあとは骨組みを膨らませて，仕上げていく」ということです。つまり，大学の1年生や2年生は，しっかりした知識と考え方のベースを作ることが大事だといえます。

　ベース作りですが，たとえば，読書でいうと，大雑把に読むか，細かく精読していくか，あるは熟読していくか，というやり方があります。よく「ラピッドリーディング」といわれる，速読法を推奨する人がいますが，彼らのいう速読法で本当に本の中に書かれてあることが頭に入って，さらに考える力がつくのでしょうか。私はかねがね疑問に思っています。

　それに対して「スローリーディング」というのは，ゆっくり舐めるように本を読みながら，わからないところには印を入れたり，辞書を引いたり，別の本を参考に調べたりしてじっくりと読んでいくことです。このような読み方をして，自分の問題意識を明確にしていくというやり方が大事だと思います。

　では，スローリーディングがよいからといって，何でもスローリーにやっていたら，時間がいくらあっても足りません。適度に「これはスローリーディング」，「これはラピッドリーディング」というように分けて読んでいくことが大切です。このように，私たちは学習効果を上げるために，適度に読書法を変えながら，勉強していくのが良いでしょう。

4. ラーニングカンパニーとラーニングマン

　ラーニングカンパニーとは，個人の学習を前提にした企業のことで，学習しつつ成長していく会社を目指しています。ここでは当然，採用人事でも学習能力の高い人を求めるようになります。学習能力のなかには，試験に強いということも含まれるでしょう。しかし実際には，現実感覚のマネジメント能力を要求されることが多いようです。学生たちは，入学を許された大学で，新たに勉強をし，その知識をさまざまに活かして，さらに成長していくものです。そして社会に出てからは，現実の課題に直面し，対応していくのです。そこでは，既知の知識の上に，新しい知識を取り入れなければなりません。

　「ラーニングマン」とは，文字通り学習する人のことです。学習能力の高い人を目指すには，基礎的なことを正確にかつ迅速にマスターすること，経験を積み上げること，さらに応用力の鍛錬が要求されます。この意味で，大学ではいろいろな情報を違った角度から学ぶことによって，理解が深まるといえるでしょう。

　多くの知識は発展成長し，次に創造力に繋がっていくのです。私自身も知識の連鎖とつながりの背景を考えるなかで，理解を深めています。その意味でも，確かに年齢を重ねれば重ねるほど，経験により積み上がるものは大きいと実感しています。若い時は失敗を恐れずに挑戦することが大事です。その時に得る豊富な経験こそがその人の宝物になるといえます。

5. 3つの領域から考える

　大学でも，就職活動の前に適性検査があります。就活の一環として，適性検査はごく普通に行われています。ここでは自分の適性を見極めることができます。すなわち，①したいこと。②できること。③しなければならないと思うこと。この3つを円状に書いていくと，3つの円の真ん中に重なる領域があることがわかります。まずは，この円を参考にすることです。そこで自分の適性を知り，その適性を生かして，使命感をもって仕事ができることはやりがいもあり，嬉しいことです。

　仕事生活をするなかで，人は充実感を得ることができるのでしょうか。まずは，自分自身の学習能力の向上を図ることです。すぐに自分が納得する部署に配置してもらわなくても，いずれ能力が認められて，適材適所の仕事が与えられるチャンスが訪れることもあります。そのチャンスを獲得したときには，大いに力を発揮して認められるように努めることです。チャンスを逃してはなりません。

　昔，流行った第二新卒という言葉があります。大学卒業後，何らかの理由ですぐに働かず，中途採用で就職する人のことです。一時それが流行した時，私は学生たちにそれをやめるように忠告しました。なぜなら会社の都合で首切りがあった場合，最初に退職を勧告されるのが中途採用の人たちだからです。

　競争社会では，勝者があれば敗者もあります。ここに一種の格差問題がでてくることもあります。しかし，再チャレンジができる社会では，もう一度やり直しがききます。勝者が，いつまでも勝者で

いることはないに等しいといえます。勝者と敗者が逆転することもあります。これが社会の活力をさらに生むことになるのです。私たちは，社会という大海に生きているようなものです。明日の保証はないという不安定な状況にあるのです。それは，私自身も同じです。安定しているようでも，毎日さまざまな問題が生じています。そのつど，対処していかなければなりません。時には，敗者復活戦に参加しているという自覚を持っておいたほうが良いでしょう。

　競争社会で生きる私たちには，それぞれにチャンス到来の機会があるでしょう。そこで学ぶことは，いかなる時も生きていく力をつけることです。耐える時期もあれば，意欲的に前に進む時期もあります。このようにして，私たちは新しい時代の，新しい社会人としての自覚をもって生きていくことができるのです。

6. MBA について

　未来志向型の人生戦略の典型的な例として MBA（Master of Business Administration）があります。これについて少し考えてみましょう。

　大学を卒業するにあたり，学生から経営大学院（以下，MBA と呼ぶ）に進学したいという相談を受けることがあります。その際，私は次のような質問をします。「なぜ，MBA に行きたいと考えたのですか」と。すると，「MBA は，資格としてもっておいた方が良いと思う」と答える人が多いのです。あるいは，「ビジネスマンとして出世できるキャリアパスだ」と考えている人もいます。どちらの答えも正しいといえます。MBA 取得のためには，経営大学院

の入学試験があり，入学そして修了の過程をふまなければなりません。

　社会に出てすでに仕事をしている人がMBAを希望する場合，次の3通りの選択があります。

　① 退職。MBA取得後に転職

　② 休職。MBA取得後に復職

　③ 昼間就業。夜間のMBAに通学

　①は，いわゆる転職コースです。これまで勤めていた会社を退職してMBAに入学し，そしてMBA取得後に新しい会社に入社するかあるいは自分で起業するケースです。②は，休職してMBAに通い，修了後は前の職場に復帰するケースです。③は，働きながら学校に通うので，夜間のMBAに行くケースです。

　私は，友人に「MBAはなかなか勉強になります」といいますが，MBAを取得するのはそんな簡単なことではありません。各大学のMBAには，入試にも特色があり，入学条件もあるからです。働きながら通学する場合，その職場がMBAを認めてくれること，そして活かしてくれるということが大事なのです。しかし予定通りにはいかず，MBA修了後に職場に復帰して仕事を続ける人もいますが，復帰できずに転職する人もいます。このようなことがあるので，MBAに行くというのは大きな冒険であり，リスクが高いといえます。しかもリスクだけでなく，費用もかかるし，時間も労力もかかります。

　これまで私は相談を受けて，あることに気づきました。今の仕事を捨て，リスクをかけてMBAに行くということになると，そこに機会損失が発生することになります。だからMBAに行くのをやっ

ぱりやめておこうという人もいました。また，MBA を出たとして
もキャリアアップして確実に良い仕事に就ける保証はありません。
現在，日本での MBA の評価は多様です。MBA で努力することは，
仕事で成果を上げて，それに応じた報酬が得られるという確信がも
てないとむずかしいと私は考えています。

7. 情報を集める

　技能習得には，それに投入する時間，労力，カネが必須条件にな
ります。甘く見積もるとできません。また逆に，辛く見積もったら
厳しさに負けてしまうこともあるでしょう。それなりに自分にあっ
たやり方で，その分野の情報を集めることが大切です。

　現代は，情報戦の時代だと思います。その情報戦で有利な情報を
入手したとしても，自分がリスクを被ることがあります。誰にも
100％の保証はありません。私たちはリスクや保証に惑わされない
で，目標に向かって努力をしています。

　大学教育の中では，勉強のやり方も変わってきています。昔に比
べると，学生が学びやすい状況になっています。しかし，そこには
また多くのことを学んでいくということが要求されています。情報
を集めそれを整理する能力が，昔よりも要求されるようになってき
ています。

　多くの分野で競争が激化している時代に入っています。今，私が
特に挙げているのは，「情報格差」です。情報戦に負けてはなりま
せん。私自身は，拙著『新・実学の学び』の中で，経営戦略論の参
考文献とドイツ語学習の参考文献の紹介をしました。これを参考に

して，大まかな輪郭をつかんでくれることを希望します。

8. モチベーションを高める

　新しい時代の経営者の役割というのは，職場を豊かな仕事生活にすることです。先般，テレビで紹介されていましたが，ある会社では社内での人間関係を円滑にするために，会社内にラウンジを作り，社員が気軽に利用できるようにしているそうです。また，別の会社では見晴らしの良いところに食堂を作り，気分転換をはかることで仕事への意欲を高めるという取り組みがされているなどの紹介がされていました。

　競争社会の中で打ち勝つためには，会社のモチベーションを高める必要があります。そして，社員の「モラール（志気）」を高めることです。会社が倒産の危機にあり，そこで働く社員は失業するかもしれないのに，「頑張れ」と旗をふられても，社員にとっては他の会社を探した方が早いと考えます。モチベーションを高めていくためには，観念的な話だけではなく，具体性がなくてはなりません。

　大学ではゼミで教師が学生に発表を要求しても，発表に消極的な学生は発表しようとしない。そこで，まずは教師自身が発表することの意義を話し，手本を示すのです。それを学生が真似ることになるのです。次には，相互にコメントをぶつけていくことで，学生のモラールが上がることになります。モチベーションとモラールは，人間の行動に深く関係しあいます。

第3章　未来志向型戦略の周辺　51

9.　トレーニングについて

　トレーニングは，時間を多くかけるより，密度を高くすることの方が大事です。また，密度を高くして時間も多くかけるとなると，それに耐えられる精神力が不可欠になります。ともあれ，大学生はトレーニングの意味や意義を理解しなければなりません。

　大学生が授業を平気で欠席する，勉強に対して関心を示さない，学ぶ意欲がないなどは，教師の動機づけが下手な場合によく起こります。一方，教える側と学ぶ側の信頼関係があれば，大きな効果を生むという例もあります。

　よく知られている例ですが，水泳の北島康介選手は，オリンピックで2大会2種目連続制覇した世界的にも有名なスイマーです。コーチがいて，技術面での役割があり，北島選手本人も納得して，厳しい練習を積みました。選手とコーチとマネジャーが一体となって，優れた記録を出した良い例です。

10.　手がかりについて

　勉強といっても，何をどう勉強すれば良いのかわからないという人がいます。最初の一歩がむずかしいのです。何事も手がかりがないと始められません。

　ドイツ語で，「Aller Anfang ist schwer.（アラァ　アンファング　イスト　シュヴェーァ）」といって，「何でも最初は難しい」という言葉があります。最初のところで苦労するということです。ここでも情

報収集能力が必要になってきます。そして，経営学でいう経営資源（ヒト・モノ・カネ・技術・情報・時間）に照準を合わせて，集めた情報を分析することです。

私たちの人生は有限です。利用できる資源も有限です。有限なものの中で優先順位を決めて，効率を高めるやり方を考えていく必要があります。

大学生にとっては，「一体こんなことをして，社会でどうなるのだ」と思われることもあるでしょう。しかし，社会では同じようなシチュエーションが，何度も出てきます。学生時代に知識として知っておくことも必要です。いわゆる場数を踏んだ議論で，知識の獲得を目指していきたいと思っています。そして，学生たちに自分の将来を考えてもらいたいのです。

そこで，努力という話に戻りますが，やはり人間には何をするにも精神力がなくてはなりません。また，適切なメソッドも必要です。能力をつけるためには一歩上の問題を解いていけばよいのです。それを跳び越して一度に二段も三段も上のことに挑戦するのはむずかしいことです。知識獲得の上でもそのようなテクニックを身につけた方が良いでしょう。私も若いとき，最初から難しい本を読むことはできませんでした。そして段階を踏んでベース作りに励んできたのです。

11. むすび

今，まさに時代は大きく変わり，情報が氾濫しています。現代の大学教師の役割も違ってきたといえます。教師にも，これからは自

分が得てきた知識の伝授だけでなく，学生がもっている情報収集能力および分析能力をサポートすることが要求されます。そして勉強のメソッドと同時に，メンタルな問題にも関わっていくことが必要になるでしょう。メンタルな問題について触れておくと，これもあるメディアからの情報ですが，人間の脳には脳内報酬という仕組みがあるそうです。これは何かをしたときに，その代償に報酬をもらうことによって，脳が喜ぶという現象らしいのです。このような経験がさらに人の行動を促すのです。私も，まさにそうだと納得しています。

　大学は，基礎的な知識や考え方を習得するところですが，自分の人生をより確かなものにしたいと考えるならば，今こそ未来を見通し，勉学に励むこと，目標を定めて手順を考え，そして実力をつけていくことが何より重要だと思います。

　最上のものは，過去にではなく，未来にある。

（NHK 連続テレビ小説「花子とアン」より）

参考文献

松永美弘『新・実学の学び』学文社，2014 年

小林薫『ドラッカーとの対話—未来を読みきる力』徳間書店，2001 年

上田惇生『ドラッカー入門』ダイヤモンド社，2006 年

ドラッカー，P. F., 上田惇生・佐々木実智雄・林正・田代正美訳『すでに起こった未来』ダイヤモンド社，1994 年（Drucker, Peter F., *The ECOLOGICAL VISION*, Transaction Publishers, New Jersey, U.S.A., 1993.）

レビット，T., 土岐坤訳『マーケティングの革新・未来戦略の新視点』ダイヤモンド社，1983 年（Levitt, Theodore, *INNOVATION IN MARKETING*, McGraw-Hill Book Company, U.S.A., 1962.）

ロスチャイルド，W.E.，土岐坤・服部照夫訳『経営戦略発想法』ダイ
ヤモンド社，1977 年（Rothschild, William, E., *Putting In All Together*,
American Management Associations Inc., 1976.）

4

仕事と労働と人生

1. 豊かな仕事生活

(1) 仕事と生きがい

　私の知人は，通勤に往復4時間かけて会社に行くそうです。およそ9時間の就業です。1日24時間のうち半分以上が仕事にかかる時間となり，それ以外の食事や睡眠時間を考えるとあまり自分の時間がないことになります。今の日本には通勤時間が4時間以上という人が，少なからずいると聞いています。

　ところで，「仕事＝労働＝苦しい」というように単純に考えてしまうと，仕事が随分つらくなります。そこで，考え方を改めて，仕事の中に自分の生きがいを見出すことができれば，人生は豊かになるのではないでしょうか。

　企業で働くのであれば，「やりがいがある」「楽しい」「充実感がある」など，満足できる豊かな仕事生活の中身などを考えることになります。

　企業の仕事には大きく分けると，技術職，営業職，事務職などがあります。仕事の配属先は個々人の適性が大きく左右すると思います。

　私の先輩の話ですが，彼は社交性があり，話し上手でした。我々後輩から見ると，この先輩は商社に就職するのだろうと思っていましたが，銀行に就職しました。銀行の仕事がその先輩に適していた

のかどうか，今も疑問です。やはり，何年かのちに退職したと聞い
ています。

　私たちは，一歩間違えば，自分の人生を変えてしまう選択をする
という危険性をどこかにもっています。社会人として働き始めると，
途中でやり直すのはむずかしく，一度失業すると再起するまでに多
くの時間と労力を費やすことになります。

　大学では基本的な知識や考え方を身につけます。大学卒業後は新
入社員として，そこで鍛えられて成長するという一般的な図式があ
ります。経営学を学んだ学生には経営に関する知識の体系が要求さ
れます。さもなければ軽い気持ちで会社に入り，ただ与えられた仕
事をやりこなすだけという人もいます。ここで私がいいたいことは，
将来ただの営業マンで終わってはつまらないということです。つま
り，経営学を学んだ学生であれば，知識を体系化し，いずれはプラ
ンナーとして事業の企画をするような人になってほしいのです。そ
のためにも具体的な目標をもって，勉強してもらいたいと思ってい
ます。

(2) 仕事と人生

　仕事にかかわる人生を楽しむためには，今，自分がしている仕事
の意味づけができなければなりません。意欲をもって仕事に向かう
ためにも，人間というのは自分のしていることの意味を認識する必
要があります。

　たとえば，スポーツの世界ですが，コーチの指導を受けて厳しい
練習を積み重ねて成果が出た時，やはりコーチの指導は正しかった
ということになります。しかし勉学の世界ではこのような成果を実
感することはあまりないでしょう。大学で経営戦略を学んだからと

いって，実社会においてすぐに経営の戦略を立案することはできません。それでは，私たちはどのように勉強していけばよいのでしょうか。会社勤めをするなかでさまざまな事象やら，現象に対応していけるだけの基礎的な知識や応用力を学生時代に身につけることです。たとえば，財務諸表は読めるか，簿記の知識はあるか，これらの基本的な知識は学生時代に勉強しておいた方が有利です。

現代社会では情報を集めて，分析して，考えていくという検索能力が必要とされています。本やインターネットで検索能力をつけることで，新しい知識をどんどん入手し，それをファイル化し，自分のものにすることです。頭の中が整理されることで，豊かな仕事人生を送ることになります。

今，世界各地で紛争があり，そこでは勉強どころか生活することさえ危ぶまれています。それに対して，日本にいる私たちは安定した環境の中で勉強することができます。恵まれた今の環境を享受し，十分に活用するべきだと思います。これから先の何十年という仕事人生の中では，良いこともあれば悪いこともあります。しかし，備えあれば憂いなしではないでしょうか。

(3) 職業と適性

昔の都市銀行は，安定しているということで就職先として人気がありました。しかし近年，日本経済は不況を招き，銀行が倒産の危機に陥ることで，銀行どうしの合併で乗り切るという例も多くみられるようになりました。このように大企業でさえも先が見えず，予測はできないのです。企業経営では，「会社が5年以上継続する」というのは一つの目安になります。そんな厳しい経済社会で企業活動を通じ，豊かな仕事生活を営んでいくことは可能でしょうか。可

能にするためには，価値観や気持ちのもち方というのが非常に大事になります。豊かさの意味をどのように考えるかは，個々人によってかなり違います。違うからこそ自分の価値観という軸をもつことが大事になります。

私は人生で，何度もハードルの高さを実感しました。大学卒業後，親の会社で8年間働いた後，大学院に行きなおした時の話です。大学院に行くためには入学試験という関門があります。試験に受かるためにはそれなりに勉強しなければいけません。勉強しても，試験に受かるかどうかもわからないし，年齢の問題もありました。私はこれらを一つひとつ解決し，乗り越えてきたからこそ，今があると自負しています。

最初から，自分に適した楽な仕事につけるはずがありません。たとえば，ホテルの従業員になった場合，最初の何年間かは荷物運びの仕事をするそうです。まずは，下積みの仕事をしながらホテルマンとしての職業意識を高めるという狙いがあるのでしょう。仕事のできる有能な新人は下積みが長い場合，パンクすることもあります。過剰な期待をもって仕事に入った人が，ある日突然「こんなことをして何の意味があるのだろうか」と思い始め，身体に力が入らなくなった。そして1日休み，2日休んだら3日休む，3日休んだら1週間休む。ついには辞めてしまうことにもなりかねません。やはり，仕事に対する価値観や気持ちのもち方が大きく人生を左右するといえるでしょう。

(4) 知識と仕事生活

豊かな仕事生活はどのようにしたらできるのでしょうか。当然報酬がたくさんあれば，良い生活ができるでしょう。しかし，個々人

の成長がなければ，豊かな仕事生活とはいえません。たとえば，同じ能力の人であれば，会社は若くて元気な人を雇うようになります。年齢に比例してそれなりの仕事ができなければ冷遇されかねません。そんな時に「この人は残したい人材だ」というような特殊な技能をもっていることが，その人の身を守ることにもなるのです。

　最近，企業活動において，「豊かな仕事生活」を大きな柱に据えている会社が増えています。もちろん，誰でも仕事生活が豊かで充実したものでありたいと願っています。

　役職（社長・重役・部長・課長）のある人たちは，会社発展のために社員が働きやすく，やりがいがもてるような職場作りに励んでいるようです。

　現代は，知識が非常に大きな役割を果たす時代に入っています。幅広い知識は，豊かな仕事生活をするための重要な要素となります。今は，知らないことがあったらインターネットですぐに調べることのできる時代です。このように仕事生活では正確かつ豊富な知識，そして知識を得るためのメソッドが必要とされています。

2. 仕事と就職

(1) メンバーシップ型社会とジョブ型社会

　大学卒業後，学生の多くは新規大卒で就職することになります。日本の社会は，厳しい問題を抱えています。それは日本の社会の労働が「メンバーシップ型社会」と呼ばれているものだからです。メンバーシップ型社会の反対は欧米諸国の「ジョブ型社会」です。

　メンバーシップ型社会では，新規大卒で会社に入った人たちは，

最初は仕事ができなくても，少しずつ仕事を覚えて，やがては自分のキャリアを形成します。日本の大半の企業が，新入社員を時間をかけて育てるという方針を取っています。

　一方，ジョブ型社会では，始めから仕事の能力が要求されます。ですから次の職場でもその能力が活かされるような設定になっています。日本の社会で働く私たちは，メンバーシップ型の制度のもとでどのように生きていくかを考えておく必要があります。この意味では，卒業後しばらくブラブラしてから第二新卒のような形でどこかに就職しようというのは，考え方が甘いと思います。

　サラリーマンの仕事は，形に見えにくいものです。会社では一部署の中の一人として，限られた仕事をしています。けれども，何かの事情で中途退社した場合の再就職は始めから仕事を覚えることになります。それに給料もダウンしてしまうでしょう。さまざまな事情で何度も転職せざるを得なかった人たちは，メンバーシップ型社会の厳しい現実に直面していることでしょう。

(2) 働く意味と職業

　現代社会では，ボランティアで無償の働きをしている人たちも多くいますが，ここでは有償での働きをテーマにしています。私たちは生活を維持するために働くのでしょうか，それとも自分の技能や技術を活かすためでしょうか。他にも理由はさまざま個々人によって違うでしょう。

　自分に適した仕事を最初から見つける場合もありますが，それはなかなかむずかしいことです。見つけられなかったときは，その周辺で生きていかなければ良い仕事を見つけることができません。学生に向けて，「新卒が大事だ」と言いながら，私自身は大学を卒業

後，親の会社で8年間仕事をしました。そこから大学院に行き，大学の教師になるために頑張って勉強してきました。それは非常にリスクの高い，またコストの高い人生だったと思います。何をするにも，時間・労力・カネというコストがかかり，人生のリスクの発生が必ずあります。リスクを承知で，自分が何をしたいのか，どんな仕事に就きたいのかをよく考えてから行動することが大事だと思います。

また，ひとつの方向を決めて仕事をしていても，何か不都合なことが起きてくると，違う仕事に就かざるを得ないことがあります。その場合，何らかの能力を身につけておくことが必要です。たとえば，目標を高くして，弁護士，公認会計士になりたいと思ったら，国家試験に合格して資格を取得しなければなりません。それは簡単な道ではありません。

順風満帆な人生というのはむずかしく，私たちは社会で生きていくなかでさまざまなハードルを乗り越えていかなくてはなりません。人は大なり小なりの成果を得るために，それを乗り越えていけるだけの強い心と能力を身につけておくことが大切なのです。私自身も，30歳を過ぎて再チャレンジの道を歩むために慶應義塾大学ビジネススクールに入りました。しかし，入学前に情報の入手を怠り安穏と過ごしていたため，入学してから大変苦戦しました。情報の有無は後々まで影響し，労力の損失であったと実感しています。私のことを例にとりましたが，何事においても，より多くの知識や情報を得て，これからの人生に役立てたいものです。ちなみに，現在の日本でMBAを取得できる学校は約60校あります。

(3) 自己適性と先見性

　私は，特に再チャレンジができる社会を作ることが課題だと考えています。その再チャレンジの時に大事なのは，自分の過去において何が悪かったのか，現在はどうなのか，そして将来を見すえて今はどうするべきなのかという未来思考の考え方で自分を見ていくことです。私たちは，競争社会の厳しい状況の中で生きています。リスクが生じて，今までの努力が台なしとなり，瞬時にして元の木阿弥に戻るということがあります。組織的な仕事の場から排除された場合，日本の社会では同じ仕事に戻るということがむずかしいのです。だからこそ，失敗しても敗者復活戦で新しい道を見つけていくだけの力をもつことです。

　学生時代には，できるだけの資格を取っておく必要性があります。現代社会においては，自分に適した生き方を見つけていく必要があるからです。労働のない社会はないのです。人は何らかの形で仕事をしています。最終的には，自分がいかに満足を得て，納得した仕事ができるかということに尽きると思います。

　万が一，衰退産業に入ると，業界の規模がどんどん小さくなり，会社の衰退とともに，自分の立場も危うくなります。的確に時代を読むとは，新聞，テレビ，インターネットなどマスコミの情報があふれている現代では見たり聞いたりして判断することです。身の回りにも情報はゴロゴロ転がっています。多くの情報を取捨選択して，自分にとって必要な情報を見つけて，人生をより良い方向に進めていくことが大事だと思います。学生は知識中心で勉強していますが，習得した知識が将来において役に立つか立たないかは学生自身の心がけにあるといえます。

第4章　仕事と労働と人生　63

3. 労働と人生について

(1) 白倉さんの話

　まず，大工の棟梁だった白倉さんの話です。白倉さんは，若い頃に大工の修業をし，見習いの後，独立するために私の住んでいた町で生活していました。そして，私が子どもの頃には，何か家の修理があれば私の家によく来てくれていました。その後，私が大学卒業後に実家に帰ったころ，白倉さんは，50歳を過ぎていましたが，土曜も日曜もなく働いていました。

　大工としての腕もよかった白倉さんは，初めはアパート暮らしでしたが，だんだん仕事を大きくして，人を雇い白倉工務店という建設会社を興しました。そして，土地を買って社屋を建てました。その後，自宅も建てました。白倉さんは朝から晩までよく働き，新しい自宅は夜寝るためだけの家でした。

　やがて，白倉さんは胃の病気を患い，入院しました。1回目の手術が無事に終わった時，「胃を3分の1とりました」といっていました。それから，半年程経ってからまた入院しました。白倉さんは見舞いに大勢の人たちが来てくれることがおかしいと思い，何か不吉な予感がしたのか，息子さんに次のようにいいました。

　白倉さん「なんや，もうわしは死ぬのとちがうのか」

　息子「いや，みんなお見舞いに来てくれてはるだけや」

　白倉さん「それにしても，見舞いに来る人が大勢やな」

　息子「大丈夫や，親父。そのうち退院できるで」といったのです。その時白倉さんは，自分の命が短いことを感づいていたのでしょう。

そして，次のようにいいました。

　白倉さん「やはり，わしは死ぬのと違うか。若いころからしんど
い仕事をしてきて，ようやくこれから楽しませてもらおうと思って
いたのに，ほんまにアホらしいな」と。まもなくして，白倉さんは
亡くなりました。癌だったそうです。

　この話を聞いて私は，胸が痛みました。人間は誰しも死ぬのです
が，真面目に仕事に励んできた白倉さんの最後の言葉は，他人事に
は思えませんでした。

　ところで，阪神大震災の時，私の父が所有するアパートはびくと
もしませんでした。周りの同じようなアパートが全壊しているにも
かかわらずです。それは白倉さんが建ててくれたアパートで，地震
対策として柱に遊びの部分を計算に入れて建てられていたからでし
た。大工としての白倉さんの面目躍如ということです。白倉さんは，
いつでも駆けつけて仕事をしてくれる実直な人でした。まだまだ働
くことができたのに病気になってしまったのです。

　苦労が報われて，幸せに暮らすというハッピーエンドで終わる話
もありますが，実際はそういう例ばかりではありません。白倉さん
のようにしんどい思いをして，これから楽しもうと思っていた矢先
に亡くなる人も多くいます。最後の言葉が，「アホらしいな」とい
うような人生は避けたいものです。私自身は，一日一日を大切にし
て，楽しみを先延ばしするのではなく，その時を十分に楽しむ人生
にしたいと思うのです。

(2) 努力と満足

　私にもこの「アホらしいな」と思うことがあったのでした。それ
は，私が8年間父の会社で働いていた時のことです。ある時，東京

のある大学の購買部で，経営戦略の本を見つけて買いました。著者は，私より年上ですが，既にそこの大学の助教授でした。こちらはただの大卒でしかない。家に帰り，その本を読み出したら私の経験したことばかり書かれていました。その人は実社会において未経験なのにわかったように書いている。私はすでに経験している。その違いに愕然として，私は本当に「アホらしいな」と思いました。けれども，これが私の再チャレンジのきっかけの一つになりました。

　ところで，一生懸命やったことが無意味な結果に終わった時，「アホらしいな」と思うことがよくあるでしょう。逆に，「将来，何になるのだろうか」と思いながら労を惜しまずにひたすら努力を続けて，その努力が報われた時には，「やっておいて良かった。やはり努力した甲斐があった」ということになります。人生はそういうことの繰り返しです。つまり，人生の最後に悔いを残さないようにしようといいたいのです。

　自分の満足度を高くすることを，常に心がけて仕事をしていく人，それとも毎日同じ仕事の繰り返しで一日が終わってしまう人では，仕事への満足度が違います。ここに心の持ち方，考え方のちがいというのもあるのです。仕事に対する満足度とは自分が納得した仕事かどうか，ということです。将来に備えてできるだけの先行投資をし，将来にリターンを得るという考え方です。投資の時点ではマイナスですが，将来にプラスになるという考えです。つまり，大学生は４年間を自分に投資しているということです。

（3）人生と戦略

　次に三浦さんの話です。三浦さんは大学を出て60歳までサラリーマン生活でした。コツコツ貯めたお金で自宅も建てました。私は

三浦さんが70歳の時に初めてお会いしました。その時の会話は次のようなものでした。

　三浦さん「私は，今70歳になりましたけど，60歳で定年だったのです。定年を迎えたら，あれもしたいこれもしたいと思っていたのです。でも結局は，何もできないままで10年経って70歳になりました」という話でした。

　私はこの話を聞いて次のように考えました。一般にサラリーマンには定年があります。定年後，急に何かができるというほど世の中は甘くはありません。やはり何をするにしても準備期間が必要です。また，熟成期間もいります。最後に収穫の刈取りの期間があります。このように考えていった時に，私たちはその時その場で何とかなるというように考えていること自体が間違いなのです。

　三浦さんは，結局70歳を過ぎてから田舎に引っ越しました。私は三浦さんのケースから，老後に一体何ができるのか，したいことは何かなど，自分の頭で思ったようにはいかないのだと，考えさせられました。

　仕事といっても，好きか嫌いか，やりがいがあるかないかで仕事に向かう姿勢が違ってくるでしょう。やりがいがあり楽しければ意欲的に仕事ができますが，やりがいはなく嫌な仕事だと思えば自ずと仕事ははかどらず，思わぬ失敗をするかもしれません。アルバイトなどのように，お金のためと割り切って働く場合は別として，卒業後働く職場に不足不満があれば，改善の余地があるかどうかしっかりと判断することのできる能力が必要です。

　未来志向型戦略というのは，先のことを見越したうえで何かをしていくことです。未来から現在をみるのです。未来に豊かな仕事生

活をしたいと思えば，今はどうすべきか，これから先はどうすべきか，ということを考えて自分の人生を一歩一歩前に進めていくことです。

完全に手遅れ型になってしまった場合は，にっちもさっちもいかなくなることが多いのです。もう一つは，泥縄型です。泥棒を捕まえてから縄を作るというのを泥縄と言うのです。だから，私たちは，先見性をもって自分の人生を切り開くことが必要です。

大学生は，将来を考えつつ，学生生活を送り勉強しています。もちろん，勉強だけでなくサークル活動やクラブ活動をしたりして，充実した学生生活を送るということも大事です。大学を卒業後，会社に入り営業マンになり，その後はキャリアを積んで企画をする立場になる。そこでは知識や経験が要求されます。その企画力をつけるための勉強が必要になります。

大学生にとって就職の問題は大きな課題となるでしょう。今は次の目標を定めて努力していくのです。

(4) 仕事の種類

仕事にも，いろいろあり多種多様ですが，ここでは少々暗い仕事の話を取り上げたいと思います。つまり，3K，6K の話です。キツイ・汚い・危険という職業のことを世間では頭文字をとって 3K と呼んでいます。私は，それに加えて，臭い・苦しい・悔しいの 3K もあると思います。臭いというのは職場自体が臭くて耐えられない，苦しいは仕事があまりにもつらいので苦しい，最後の悔しいは，なぜ自分がこんな仕事をしなければいけないのかという悔しさです。これを合わせて私は 3K ＋ 3K で 6K といっています。

このようななかで，仕事をしないと飯が食えなくなり，そして休

んだら冷遇される。他に良い仕事があったら行けば良いではないかといわれても，それがなかなかできないのです。その人たちは，経験上，違う所に行っても給料は安い，仕事はキツイということを知っています。それなら今の仕事の方がましだということになるのです。まさに蟻地獄にはまるようなものです。ぬかるみにはまってしまうと抜け出せないという状況に追い込まれてしまうことがあるのです。

　そういうことを過去に見聞きした時に，やはり何かをやるには人間としての基礎的な生きる力，つまり人間力が不可欠となります。これは，一朝一夕に養えるものではないのです。そういう意味で，基礎を作ることが大事なのです。

　もし大学を出ても仕事がうまくいかなかったら，人生の再チャレンジのやり方として，資格や資格に準じるものを取得することです。MBA のコースに行くことも一つの選択肢です。そこでは，社会で働いた経験をプラス評価してくれます。その上で，新しい知識を身につけて，自分を売り込んでもう一度やり直すという手があります。このようなやり方ができなければ，違うチャレンジの仕方を考えるだけでも違います。私自身も慶應義塾大学ビジネススクールに入って，そこからやり直しの人生を経験しました。

　私たちはいろいろなことを深く考えることが大事です。たとえば，英語の翻訳本を読んだ時に，「これは面白いな」で終わる人もいれば，「自分もこんな本を英文でスラスラ読めるようになりたい」と思う人もいるでしょう。同じことをしても，人それぞれに考えることは違うのです。若い人はいくらでもチャンスがあります。決してあきらめないことです。

第4章　仕事と労働と人生　69

4. 能力について

(1) 能力と知識

　能力について，考えたことがありますか。例えば，誰かに「君は能力がない」といわれた場合，「あなたのいう能力とは何ですか」と聞き返すでしょう。

　そこで，簡単に人間の能力を次のように分けてみました。知識，技能，理性，感性，愛情，気力，体力等々。他にもあげられるでしょう。

　まずは知識ですが，学生は大学で知識を習得するために学んでいます。そして知識にまつわる能力には，聴く力，理解する力，考える力，問題点を発見し解決する力など，数々あります。

　このように能力は多くの要素が連鎖しており，私たちは常に能力と関係して生きていることがわかります。たとえば大学受験の場合，合格か不合格の評価と判定が下されます。教員も昇進や資格審査などの場面で評価と判定を受けることがあります。

　ところで，私は大学時代にある教師から，「君は大学院に行く能力がない」と言われた一言に大変傷つきました。私に一体どんな能力がないのだろうかと考えました。大学院の入試には，普通は語学と専門科目の試験があります。語学は英語と，ドイツ語あるいはフランス語です。もし英語ができなかったら，英語の力をつければよい。ドイツ語やフランス語ができなかったら，ドイツ語やフランス語の力をつければよい。専門科目ができなかったら，専門科目の勉強をして能力をつければよいのです。それだけのことなのに何を根

拠に「君は能力がない」というのだろうか，その時その教師の言動に不信感を覚えるとともに無責任な発言だと思いました。

　大学卒業後，私は技術を身につけてモノ作りに専念しようと考えました。実社会において，モノづくりにはどの業種でも高度な技術が要求されます。しかし，私はモノづくりには不向きで，結局8年間の仕事の後，慶應義塾大学ビジネススクールで学ぶことにしました。そこは，「ケース・メソッド」で徹底的に鍛えていくというノウハウをもっていました。「能力がなかったらつければよい。能力をつけるために，ここで勉強している」という考え方でした。

　私はそれを聞いて，目から鱗が落ちたという感じがしました。教師は，学生ができなければ，できるように教育するためにいる。「教育する」という言葉は，ドイツ語で erziehen（エァ ツィーエン）と書くのですが，『独和言林』（白水社）によれば，「内具する生命力・素質を伸ばさせてやる」つまり「育てる」という意味です。また，英語の education（エデュケイション）のエデュケートは能力を導き出すところからきています。育てて能力を導き出してくれる先生に出会えたらどんなに嬉しいことでしょう。学生の足を引っ張って，学生の人生を台なしにするような教師にならないように私自身も気をつけています。そして，教師の役割の大事さを改めて思うものです。

(2) 能力の養成

　さらに，知識や技能の能力の中には基礎的な能力，それを使って何かを作っていくという応用する能力，それらの能力を細分化していく能力があります。それには個々人の差もあるし，環境の差もあります。私たちはどのようにしてその能力をつけるのかが大事なの

第 4 章　仕事と労働と人生　71

です。たとえば，暗記が弱いということであれば，暗記力を強くするためにはどうしたらよいでしょうか。一つのことを暗記するのに5回読んでも覚えることができなかったら10回，15回と読んではどうでしょうか。あるいは，1日，2日，3日と反復トレーニングをする。そのようなトレーニング方法について考えてみることです。

　また，記憶の特性も知っておくとよいでしょう。記憶について書いてある心理学の本の中に，人間の記憶は次の日になったら20％ぐらいしか残ってない，そして記憶に残すことの秘訣としては何かと関連付けて覚えていくことだと書いてありました。単調な暗記ではなく，少し工夫をすると効果があがるのです。私は，そういうコツを学ぶことで，全体の能力を上げることができると思います。

　コツということで，水泳の泳ぎ方でも，教える側の説明の仕方で違ってきます。クロールで泳ぐ時には顎を引いたほうがよい。目は上げる手と胴体の付け根の脇を見るというようにすると，自然と顎が引けます。だから「顎を引け」と言うよりも，「右なり左の脇を見なさい」とアドバイスする方が実際には役に立ちます。ちょっとした動作のコツをアドバイスする方が役に立つ教え方の一つだと思います。教師は学生の能力を引きだし，教育することが重要な役割です。そして，そのためにどうすればよいかということを常に考えておく必要があります。

　能力の尺度は，試験であればはっきり点数がでます。それには必ず相対評価があります。つまり換算するということです。例えば，簿記の3級を取得したとなれば，基礎的知識はある。2級であればより高度な技能と知識があると，一般的には見られます。一つでも資格があれば，それを基準に評価され，能力があるという予測のも

とで採用に役立つことがあります。

たとえば，お寺とか神殿の修理をする宮大工さんの採用試験では，器用な人より不器用でもコツコツ真面目に仕事をする人が選ばれるようです。器用な人はすぐに技能を覚えるけれど，長く続かなくて辞めてしまう。それに対して，不器用でも真面目な人はどんどん修業を続けて，上手になっていくらしいのです。ピアノの世界でも一緒だと聞きました。「この子は天才みたいや」といわれた子供が，やがては期待したほどではなく，すぐ辞めることが多いそうです。企業においても粘り強く続ける人が残っていくことになります。だから，継続することが大事だということです。

教育の中でメンタルな側面への配慮は大事なことです。学生が飽きずに楽しく，常に目的をはっきりさせていくことで，やる気が起き，モチベーションを高め，士気を高めて勉学に励むことができるのです。この先生の授業は面白い，役に立つと思えば，学生も聞く気になるし，やる気にもなります。若い時は不透明で先が見えなくても，いつかどこかで役に立ちます。だからこそ今から着実に力をつけておかなければなりません。私は，大学で経営戦略の授業を担当していますが，知識は本に書いてあるし，それを読めば一応は理解できます。しかし，私はその知識のバックグラウンドやメンタルな問題にまで入り込んで話をすること，そして学生の能力を引きだし教育することが教師としての重要な役割であると考えています。

（3）知識と判断力

先日ある印刷会社の経営者と話をしました。その経営者の話によると，イベントを成功させるためのパンフレットを印刷してほしいという依頼がありました。依頼者は高級車に乗って上等の背広を着

ていたそうです。経営者は，依頼者を信用し，イベントのために膨大な量と多額の印刷を引き受けました。その後，経営者が支払いを要求すると，依頼者は「はい，イベントが終わった時に精算します」と答えました。しかし，イベントが終わった後に集金に行くと，もぬけの殻でした。大きな損が発生しました。その経営者はよく経営のことを知っている人でした。知っているのにだまされてしまったのはなぜでしょう。やはり，大きな仕事が欲しかったことと，利益が欲しかったのです。誰でもそうですが，仕事や利益が欲しい。しかし，知らない相手を外見で判断したためにだまされたということで，結局その会社も連鎖倒産してしまいました。ちょっとした意思決定の間違いが思わぬ形になった例です。

　経営のことをよく知っている人でも引っ掛かるのです。商売の世界は恐ろしいものです。私はまず知識体系全体を高めることによって，深く考える力，判断する力が身につくような教育をしたいと考えています。

　そこで，この能力をつけるための勉強法を考えたのです。例えば，ちょっとでも何かあれば考える癖です。「5分か10分ちょっと待って，考えて返事します」この一言があるだけでずいぶん違うものです。オレオレ詐欺なんかもそうです。「ちょっと待って，ちょっと考えてみる」と言うと，向こうは，「え？」となる。ちょっと一息おいて考えてみる。これは嘘なのではないか，だましにきたのではないか。そのように，今がチャンスとせかされてだまされることがあります。私たちは，アンテナを高くして多くの知識を身につけ，判断力を養っていかなくてはなりません。

　たとえば，弁護士は裁判で証拠を積み上げて闘うというやりかた

で，証拠集めをきちんとして裁判に臨みます。大学の教師も，問題を発見したら論理を組み立てて検証していくことが望ましいのです。しかし，大学の教師は，えてして自分の頭で考えたことを絶対に正しいと信じ込む癖があって，これがよく間違いを引き起こすのです。現実では通用しないと思えば良いのですが，現実に破綻でもしないと自分の考えていることは正しいと思ってしまうのです。

　今も，これからも，私たちは自分の頭を最大限に柔軟にし，豊富な知識と的確な判断力で意思決定能力を身につけて，競争に勝っていくようにしたいと思います。私は，そういう教育ができるような，経営戦略論の授業をしたいと思っています。

　大学教師の役割は，知識の伝授はもちろんですが，それ以上に，考え方や精神の持ち方をフォローすることが大切です。それが新しい時代の教師に要求される能力だと思っています。

参考文献

小野桂之介・根来龍之『経営戦略と企業革新』朝倉書店，2001 年
濱口桂一郎『若者と労働』中公新書ラクレ，2013 年
山口憲二編著『200 万人のキャリアデザイン講座』現代図書，2010 年

5

実学アラカルト

1. 人間力と学習

(1) 人間の魅力と対話力

　私は，以前から経営戦略論を自ら学び，学生に教えながらもずっとこだわってきたことがあります。それは「人を惹きつける人間」とはどのような人なのかということです。呼びかけずとも，その人の周りに人が集まりその人と話をする。そこにいるだけで楽しくなり，元気になり，やる気を起こす。そういう人のことだと思います。会社においては，役職や立場に関係なく付き合える人です。誰でも魅力ある人間にどうすればなれるかと思い希望していると思います。

　では，どうしたら魅力ある人間になれるのでしょうか。そこで，人間関係において「人を惹きつける人間」とはいったいどういう人のことをいうのか，具体的に考えてみることにします。一般的には，心の温かい穏やかな人，人の話をきちんと聞いて物事を判断できる人，そばにいて安心できるなど人柄のよい人，あるいは明るい性格で話題の豊富な人，多方面に分析すればまだまだあげられます。企業においては，特にコミュニケーション能力が高く，対話力の優れた人が能力のある人として評価されますし，人間力が高いということはいうまでもありません。そういう意味では，私たちは対話の中身を吟味して高めることは勿論ですが，豊かな教養，幅広い知識，

そして卓越した考え方などが必要となってきます。対話力が身につくと，人間関係がスムーズになり，仕事ははかどり，楽しい人生が送れるのではないでしょうか。

(2) トレーニングと学習効果

　知識や教養を高めるには時間，労力，根気が要ります。若い時ほど心も体も柔軟で吸収力が高いのです。たとえば，大学生には授業の中でプレゼンという発表能力を高める機会があります。これは，自分の考えを発展させて，どのように人を説得するかという頭のトレーニングになります。近頃の若い人は「練習して上手に発表したい，より優れたものにしたい」と，とても前向きです。まずは練習を積むことです。

　読書において，繰り返して読むトレーニングをすると頭に馴染んできます。暗記は，理解と暗記を交互に繰り返すことで知識をより深く確実なものにします。大学での授業が面白いと思えば，学習意欲が高まり自ずとそれはトレーニングになります。大学4年間の学習効果はトレーニングを積み重ねることで随分高みに達していると思います。

　大学卒業後は，社会で活躍していく長い人生です。どんな時でもより良いものをつかみ，吸収していくことでさらに味わい深い人生になると思います。私自身は若い頃，非常に元気はあったのですが，如何せん視野が狭かったと振り返って反省しています。今から思えば若気の至りで，自分中心の考え方，モノの見方が強かったのです。だからこそ，今は若い人にいいたいのですが，目先のことや今日明日のことも大事ですが，長期でどうなのかという視点をもつことはさらに大事です。そして，実際にシミュレーションして，自分はそ

第5章　実学アラカルト　77

の仕事に向いているかどうか具体的に自分に引き寄せて考えていくことです。

（3）企業形態と可能性

　私自身の専門分野は経営戦略論ですが，経営戦略の中でも仕事や人生と関係することを中心に経営戦略の授業をしています。もちろん，企業の戦略も大事ですが，企業戦略は企業そのものの在り方，企業がどう対処して，どう戦略を練るのかということになってきます。経営戦略と企業戦略の両者の知識を結合させて考えていく必要があります。つまり，両者に共通するのは，行為をするのは人間であり，メンタルな問題で当然高い能力が要求されるということです。

　私が関心を持っているのは，企業の川上統合と川下統合といわれる，このビジネスのやり方です。過去の限られた生存領域のなかでは，川上からの脅威，川下からの脅威はあまり見られなかったのです。しかし，今，川上統合，川下統合の問題は重要になってきています。

　そこで，考えておかねばならないことは自分の立ち位置を明確に設定することです。そのためには，「できること」「したいこと」「しなければならないこと」この3つの円を考えて，その円の中で自分ができることをすることです。すなわち自分の能力の可能性を拡大していく戦略が，投資効果を高め競争力を持つことになるのです。そして実力のある人間になることです。

　実力とは，競争に勝っていく力のことだと思います。本節のテーマは人間力と学習ですが，人間力は一朝一夕に作られるものではなく，日々の積み重ねであり，自分自身の努力もさることながら，人から認められてこそ本物に近づいていくものです。

2. 長期の視点

（1）資格をもつ

どのような分野においても，資格をもつということは，自分の能力の証明になります。資格は大学を卒業してビジネス社会で生きようとする学生にとっても，一つの能力の証明です。それは一歩また一歩と前進するための土台を築くことにもなります。ですから，資格を持ち，その資格を活かすことが自分の人生の展望を開いていくことにつながるのです。たとえば，企業に入ってから，日商簿記2級を取得しているということになれば，「ちょっと簿記のことは忘れました」と言っても，少しやればできるだろうと推測されて能力を認められます。それが仮に大学で簿記の授業を受講したが忘れましたでは，何もやっていなかったと思われます。また，各業種に必要な資格を取ることは，その分野の基礎知識をもっているという証明にもなります。現在，商学部の学生が資格試験で取得を目指しているのは日商簿記，秘書検定，販売士，ファイナンシャルプランナー，税理士，公認会計士などです。

（2）先見性を持つ

私は1980年代に慶應義塾大学ビジネススクールで経営学を学んだとき，学生生活とビジネス世界の違いに大きく戸惑いました。1970年代に大学で勉強した経営学は，当時の社会ではあまり役に立たないといわれていました。しかし，今は幅広い知識をもつことで，社会を広く深く理解することができます。そして，高い視点から考えることができるようになりました。私たちは，日々勉強する

中で，視野を広げて一歩も，二歩も，先を見ていくことが必要です。
私が大学生の時，1970年代の話ですが，中国物産展のアルバイト
をしたことがありました。当時，そこで働いていた社員が，「日本
はこれから中国との貿易が盛んになると思う。だから，中国関係の
商社で働きながら，商売の勉強をしている」と話してくれました。
その後，日本と中国の貿易は拡大しました。今や，アメリカもチャ
イナフリーといっても，中国の製品を買わずして，生活はできませ
ん。日本でもメイド・イン・チャイナの製品が多く出回っているの
は周知の事実です。その中国物産展で話をした社員は，先見性があ
ったということになります。現実は不透明であっても，その中で先
を見て自分の将来像を考える力を学生時代に養わなければなりませ
ん。

(3) 就職活動

　就職先で人生が決まるといわれます。その意味で，企業について
の情報収集の重要性が当然いわれます。メーカー，金融関係，証券
あるいは商社に行くなど，その中で自分の仕事を見つけていくので
すが，自分にとってやりがいのある業種を選ぶことは非常に大事で
す。そこで一番の留意点は，自分に合った職業を見極めることです。
職場が決まったら，関係する資料やデータなどをもとにして業務内
容を正しく判断することです。間違っても，雰囲気だけで気に入っ
たからと，軽い気持ちで就職先を決めたりしないことです。

(4) 人間関係について

　職場での人間関係が良くなければ，会社人間としてやっていけま
せん。そこでは，コミュニケーション能力が問われます。人間関係
は本当にむずかしく，どんな時にも利害や損得が先に立ち，簡単に

はいかないのが常のようです。次に仕事を覚える大変さがあります。業界用語，社内用語や技術経営のノウハウなどを吸収していくのは，むずかしくて時間がかかることです。それに，現場の仕事を覚えることと，経営管理の能力をマスターすることは違います。会社レベルで考えたとき，若い人たちは，現場をある程度理解すれば，後はマネジメント能力を鍛える方が得策だと思います。

(5) 企画力をつける

営業マンは，会社の発展を考えたうえでいろいろな企画をしていきます。案件の協議，決議などさまざまの行程があり，常に次の段階のことを考えていかなければなりません。商売の難しさは現実問題であり，経営努力により問題を克服し，会社を発展させていかなくてはなりません。

そこで求められる人材について考えてみますと，やはり実力のある人間が必要だということになります。魅力のある人間は実力のある人間でもあります。つまり，どんな苦境や苦難に出会っても，人生を前向きにカラ元気でも良いから常に明るく立ち向かっていく，行動力のある人のことです。

その実力とはすなわち実績を上げる力のことです。実績が評価されるのですから，実績を積んでいかなくてはなりません。そこで大学生にとっての留意点について考えてみます。昔と違って，本も入手しやすく，書店には溢れんばかりに本があります。その中から役に立つコアな本を選び，みっちり勉強し知識の幅を広げていくことです。

(6) 教師の役割

教師は，情報の発信源として，時には学生に合った本を選び，薦

めることが要求されます。教師は知識の単なる伝達だけではなく，教師自身が情報収集をして，良質な情報を学生に与えるという役目を担っていかなくてはなりません。そのためには，教師自身が自分に教育投資をして，自身を鍛え，スキルアップをしていかなければならないということです。また，学生の要望に応えたり，アドバイスしたり，またメンタルな問題にも取り組めるようにしなければなりません。

3. リスクについて

（1）人生とリスク

リスクについて，人はどの程度意識して生活しているのでしょうか。たとえば，車の交通事故です。当たりどころが悪いと死んでしまうかもしれません。逆に加害者として接触したり，衝突したり，人を轢いてしまったりすることもあります。交通事故はいつ起こるかわからないのです。万が一に備えて，私も車の任意保険に入っています。保険は病気や怪我の時でも役に立つものですが，人生においても何らかの保険をかけてリスクに備えておかなくてはなりません。「一寸先は闇」という言葉がありますが，誰しも明日の命は保証されていません。いつどんな事故，災難に遭うかを予測することはむずかしいのです。

多くの人は，老後の生活に備えて，毎月年金を掛けていますが，今や年金制度が崩れつつあると言われています。そして，昔のように年金だけで生活するというライフスタイルも変化し始めているようです。

健康で働ける人の多くは，何らかの職業を持ち生計を立てています。大学生も就職活動では職業の選択をしなければなりません。職業の選択はむずかしく，よく考えて決めなくてはなりません。そこにはリスクが伴うこともあります。たとえば，証券会社に入社したら，最初の1年間で50％ぐらいの新人が辞めるそうです。それぐらいハードな仕事をこなさなければならないということです。就職において，どんな職業にも必ずリスクは付きものです。ですからリスクが発生した時に，あわてず適切な判断ができるような対策をしておく必要があります。

(2) 人生の SWOT 分析

経営学でよく使われる「SWOT 分析」をみてみましょう。S は Strength「強み」，W は Weakness「弱み」，O は Opportunity「機会」，T は Threat「脅威」です。企業の SWOT 分析はうまくできる人でも，自分の SWOT 分析となるとどうでしょうか。企業において，環境の分析から始まり，業界分析を経て自社分析があるのですが，これと同じように，私たちも自己分析をしておく必要があります。自分は単調な仕事に耐えられるか否か，その仕事で満足できる人間かどうか，自分の目指すものはリスクが高いものなのかどうか，というように考えることです。

たとえば，資格試験です。資格試験の勉強には時間・労力・カネというコストがかかります。不幸にして不合格なら，次を目指して再度勉強しなくてはなりません。人生のリスクを承知で，多くの人は資格を取るために努力しています。

次に，復元力について考えてみます。復元力とは船が横に傾いたときに元に戻る力のことです。人生で何か失敗したときに，人は大

なり小なりそこから再チャレンジできるだけの力を蓄えておかなくてはなりません。一人の力で復元できるのか，周囲の支えに助けられて復元できるのか，時間をかけてゆっくり復元するのか，人それぞれに蓄えている力は千差万別です。ですから，就職活動においてはいかにして自分を売り込むか，そして認めてもらうかが大事なのです。

人は，常に慎重に行動しようとしていても，ある時フッと力を抜くこともあります。ですから，油断は大敵です。リスクが発生したときの対処の仕方や復元力を持つことによって，修復かつ再チャレンジをすることができるのです。

以前は60歳の定年まで終身雇用というのが当たり前の時代でした。ところがバブルがはじけて，瞬く間に会社がリストラで人員整理をして，エリート社員といえども首切りがありました。サラリーマンは，会社という組織を通じて仕事をしているので，個々人の能力は非常にあいまいです。職種が違うと適応も難しくなります。また，同じ業種の仕事でも，部署によっては全くできないということもあるのです。ですから，リストラの問題は働く人にとって大きなリスクといえるでしょう。

(3) リスクと人生設計

リスクを回避するのに，どのような対処方法があるでしょうか。まずはリスクの発生を防ぐこと。しかし，リスクが発生した時は，傷は小さい方がよい。しかし，致命傷になったときはどうするのか。そう考えていくと，経営学で出てくるゲーム理論のようです。私たちの人生はどこかゲームのようなところがあります。競争社会では，勝者がいれば敗者もいる。負けても復活する人もいます。勝者が一

転して敗者になることもあります。このように激しく変化する社会に適応して，自分の力を発揮していかなければなりません。

　自分の将来設計は，どこかの段階で決めなくてはなりませんが，成り行き任せでいくと，何か障害にぶつかったときに力を発揮することができません。たとえば，山登りの場合，軽装で登りはじめて，次第に雪が深くなり，凍え死んでしまう事故があります。これは準備が不十分なうえ，天候を甘く見てしまって，ひどい目にあうという典型です。

　これとよく似たことで，自分の身を守るための武器を全く持たないで，社会で戦おうとすればすぐに弱い立場に追い込まれます。若い時期に自分の武器を身につけておくことが大事です。この武器とは何かというと，知識や技能であり，あるいは経験です。人生は面白いもので，以前に聞いた話がよく似た局面や状況で何度か出てくることがあります。ですから，どんな話も見たり聞いたりしたことをよく認識しておくことが大切です。

　リスクの問題を常に念頭に置きながら，「今は困難な状況であっても，長期で見たらプラスになる」というような希望を持って，今を頑張ることが大事だと思います。私は，そういう知識や経験がやがて自分のキャリアに繋がっていくものだと考えています。競争社会のなかで生きている私たちは，自分の能力をたえずレベルアップしていきたいものです。

第 5 章　実学アラカルト　85

4.　環境変化に対応する人生論

（1）KBS 入学

　私の人生にとっての大きな環境の変化は，大学卒業後，8 年間の仕事生活にピリオドを打ち，慶應義塾大学ビジネススクールに入学したことでした。

　その後の人生は大きく変化しました。2 年間の慶應義塾大学ビジネススクール（KBS）から，同大学の商学研究科博士後期課程で勉学に励んだ後に教職の道に進むことができました。

　私は，折あるごとに過去を振り返ります。大学卒業後，もし大学院に進み教職に就いていたならば，こんなに苦労はしなかったのにと。そして，あの実務経験の 8 年間が無駄な時間に思え，「大きなロスであった」「勿体ないことをした」と，何度悔しい思いをしたことかわかりません。若い頃の脳は吸収力，読解力，暗記力も優れています。しかし，年齢が高くなるごとに脳は衰えていくことを悟ったからです。あの 8 年間を取り戻したいと，悔やんでも仕方のないことを思わずにはおられなかったのです。

　というのも，私は KBS に入学してから，頭のトレーニングを人一倍しなければ同級生に追い付いていけなかったのです。大学時代には経済学の本を夢中になって読んでいたのですが，KBS ではアメリカ流の経営教育メソッドで鍛えられた教授陣の最新の実践的経営教育のプログラムが組み込まれていました。月曜から金曜まで，びっしりと組まれていたカリキュラムをクリアしていかなくては，授業についていけません。私は何度も挫折しそうになりました。そ

れでも，必死に勉強したのです。関西から妻と2歳の娘を連れて上京し，両親からも援助してもらい，せっかく与えてもらったチャンスを無駄にはできない。やれるだけやってみようと奮起したのです。やっとの思いで1年をクリアし，2年目に入り，少し気持ちに余裕ができたことで，商学研究科修士課程の野口ゼミの授業へ週に1度参加することにしました。すると，KBSの実学的な勉強より商学研究科のアカデミックな勉強の方が自分には向いていると思うようになりました。

(2) 博士後期課程への進学

　博士後期課程に進学するためには，入学試験に合格しなければなりません。英語と第2外国語のフランス語かドイツ語のいずれかを選択して受験するのです。実は，私は大学時代からドイツ語に関心があり，卒業し，仕事をしながらも暇を見つけては，趣味としてドイツ語を勉強していましたので，迷わずドイツ語の勉強に取りかかりました。ドイツ語を教えてくれる学校にも通いました。絶対に受かりたいという強い気持ちがあったのです。KBSの2年目のことで，まだまだ大変な時期でした。修士論文の課題もありました。論文指導の小野桂之介先生との出会いがあったればこそ今の私があると確信するほど，多くの指導をしていただきました。修士論文を作成しながらも，ドイツ語，英語と時間を惜しんで勉強した結果，無事博士後期課程の入学試験に合格することができました。そして，KBSを無事に修了し，晴れて三田の大学院商学研究科博士後期課程に進学できたのです。私自身，目指す目標が確実にあり，目標を見極めてやるべきことをしたからの結果であったと思っています。

　6年間の大学院生活を終えて，教職への道へと進んだ私がいえる

ことの一つは，環境変化に適応するためには，その時，その場に必要な能力を身につけることです。特にドイツ語は自分の好きな語学であり，博士後期課程の受験では大変役に立ちました。一つでも成功体験を持つことは，自分自身への自信にも繋がります。

　8年間の仕事生活の中で，自分のやりたいことが見つからない，こんなはずではないと悶々とした日々を送っていた時に出会った一冊の本がきっかけで，KBS の受験を決めたのです。それは，G.D. ヒューズの『戦略的マーケティング』（プレジデント社，1982年）という訳本で，訳者は嶋口充輝，和田充夫といった KBS で教鞭をとられていた先生方でした。自分の将来像を描くには程遠い環境の中で，まずは KBS の募集要項を取り寄せました。私は，取り急ぎ受験することに決めました。トライすることから始めた時，大学時代から勉強することや本を読むことが好きでしたから，できれば大学院に進んで勉強したい，そこで自分のやりたいことが見つかるかもしれないと期待する心が大きくなっていったのです。

　ドメインの話では，自分のしたいこと，すべきこと，できることの3つの円を描いて少しずつ拡大，拡張することを学びました。まず，ドメインを設定し，自分の生存領域を決めていく，そして自分のできることに力を入れていくのです。私がトライした KBS の受験の場合も，冒険かもしれないと思うところから気持ちが高まり，まずはトライしてみようとしたのです。また，博士後期課程の受験では，ドイツ語の勉強に力を入れました。繰り返してトレーニングを積むことで読解力がついてきました。このような勉強方法が功を奏したと思います。

(3) 研究と実践

　今，当時を振り返ってみて，ビジネススクールで学び，大学院商学研究科博士後期課程に進学したことの意味は大きかったと思います。大学時代に大学院進学を志していたにもかかわらず，断念して親の会社に入ったことで，精神的にも肉体的にも苦しい疲労に悩まされ，いつもこのままでよいのかと焦る心を持ち続けていた8年間だったのです。

　KBSの2年目にしたことは，多面的に物事を考えることでした。自分が将来何をしたいのか，家族のこと，実家のこと，経済面のこと等々の問題はありましたが，8年間の仕事生活で体験したことの原因と結果を照らし合わせた時，その問題が見えてきたのです。自分には勉学の道しかないと思い定めることができました。その時には機会損失のことも頭にありました。何かをすれば何かができない。仕事を取れば勉強はできないというのは当然のことでした。

　現在，大学で経営学を教える立場になってみると，これらのことは30年以上前のことになりましたが，8年間の苦しかった仕事生活は決して無駄なことではなかったと実感しています。この8年間の実務体験をもとに経営学を多面的に見ることができました。現実感覚をも養ってくれたのです。本の知識だけでは，現実に適応する感覚は生まれてこないのです。そして，KBSで厳しく鍛えられたことが，自分の力になったと思っています。本書第1章の「実学への道」で私の45年間の歩みを大筋で書かせてもらいましたが，全ての経験は，失敗と思っていたことさえも，今では丸ごと自分の身になってきた貴重な体験であったと考えています。若い頃は悩み，苦しみ，反発する心などが交錯していたのですが，この年齢になっ

て，今やっと私自身の人生を丸ごと受け入れる気になれたのです。
これら全てが私の人生の応援歌となることでしょう。

6

経営者能力論

本章では，清水龍瑩が提示した経営者能力を参考にしながら，私なりに考えた経営者に必要な能力について述べていきます。

1. 望ましい経営者能力とその体系化

清水の分類に従うと（以下では，清水の説明をパラフレーズしながら話を進めます）[1]，経営者能力とは，将来構想を構築し，戦略を決定し，執行を管理する経営者の能力のことですが，その具体的な中身はその時々の状況によって必要性が変わるので，普遍的なものではありません。ここで重要なことは，将来構想の構築，戦略的意思決定，執行管理という3つの機能に分けた点です。この3つの区分は，図表6-1で，横軸の所で分かれています。縦軸は，状況によって経営の対応が変わるので，それぞれの要因をあげています。たとえば，個人的には優れた能力をもつ経営者が，常にすばらしい結果を生むとは限りません。環境や組織の変化，あるいは時代の流れにともなう価値観の変化によって，悪い結果を生む場合もあります。

ドラッカーは，経営者について次のようにいっています。「"成果をあげる人間のタイプ"などというものは存在しないことにかなり早く気づいた。私が知っている成果をあげるエグゼクティブたちは，その気性や能力，仕事や仕事の方法，性格や知識や関心において，千差万別だった。共通点は，成すべきことを成し遂げる能力をもっ

ていることだけだった」[2]。つまり，経営者は成果があがったかど
うか，という尺度を基本にもつことが重要だというのです。

　清水は，例としてあげたエレクトロニクス部品製造業では，技術
革新のスピードが速いので「カン」が役に立つといっています。つ
まり，技術革新が速く進むということは，先を見る目だけでなく，
自分は何ができるか，自社では何ができるか，自社にとって有利な
市場はなにかまでを，素早く考えることのできる能力が必要だとい
うことです。それが「カン」という言葉でいわれているのですが，
闇雲にカンを働かせるだけでなく，現実の技術の進歩を分析し，機
械設備や技術の発達動向をみていかなくてはなりません。

　一般的にみて，技術革新の正確な予測は難しく，企業においては，
技術開発のみならず，商品の販売力の問題も出てきます。企業が新
製品を開発し，その商品が売れるとなれば，他の企業も競合製品を
開発し，当然市場に参入してきます。他社がコストリーダーシップ
を採用し，非常に低いコストで成果をあげようとするなら，価格競
争になったり，あるいは，商品のニーズも多様化して他社が真似の
できない商品を開発する差別化戦略の競争になります。それでも，
ブランドに力があれば高く売れるかもしれません。たとえば，エレ
クトロニクス部品製造業は，20世紀後半に開花し，21世紀に向け
て大躍進する分野です。この分野での新しいビジネスは，ITを駆
使し，自動化された機械を原動力とします。

　一方，大昔からある清酒製造業を取り上げてみると，お酒を造る
という原理は変わらず，製品も固定化されています。利潤の追求に
は製品，市場，販売方法の研究のために分析的思考能力が必要です。
分析的思考能力とは，ある問題が発生したときにその原因を徹底し

て分析し，どこに問題の源泉があるかをつかみ出す能力のことをいいます。たとえば，メーカーが過剰生産による過剰在庫の問題を引き起こしたときには，その原因は，受注以上の甘い見込みに基づいて生産してしまったことから生じることが多いのです。この場合は，やはり精度の高い需要予測と弾力的な生産計画のシステムを開発しなければ，大きな失敗をすることがあります。

　大企業と中堅企業を比べてみると，大企業では社長の発言力が強く，社長がしゃしゃり出ては「ああしろ，こうしろ」と命令を下すと，会社の統制がきかなくなることがあります。反対に，社長が聞き役にまわると，皆が発言するようになり，それらを参考にして大事な決定を社長自らがするのが良いようです。それに対して，多くの中堅企業では，まわりが「新しいやり方よりも従来通りでいいのではないか」と発言するのに対して，二代目社長が新しい戦略の意義を説く「説得型」をとっています。大事なことは，先を見る目，つまり，先見性のあるなしにかかっているのです。自社には何の経営資源が，どの程度あるかという評価を正しく行い，会社の置かれた状況に応じて対応できる人が望ましい経営者です。日本では，どちらかというと長期的視点に立って経営を行います。しかし，アメリカでは，株主からの配当金を要求する圧力が強いことから，短期的に利益を出そうとするため，企業が成果を出せないと経営者が交代させられます。ですから，目先の利益を追求する傾向があります。それに対して，日本の企業では，株主の発言権が低いので，経営者が長期的な視野に立つことができます。それだけでなく，企業が株式を持ちあって安定化を図り，乗っ取りを防いできたのです。トップマネジメントとして，大企業の経営者になる人が派遣されてくる

ことも多くありました。

　経営者には大きく分けて，企業型と管理者型の２通りのタイプがあります。企業型の経営者は，信念・先見性・企業家精神の３つを重要視します。他方，管理者型の経営者は，人間尊重の態度・科学的態度・管理者精神が必要だとされています。

　企業型経営者に要求される信念には，図表6-1の(1)の① 野心，② 使命感，③ 理念，④ 信念があります。

　① 野心とは，身分不相応な望みやコンプレックスに由来する人間の欲望のひとつです。一般に，野心家というとダーティなイメージがあるようです。しかし現実には野心が，バイタリティーの源泉として企業を発展させていく原動力にもなりえます。

　② 使命感とは，経営者自身が仕事を天命だと思うことにより，自分も他人も納得させることができる感覚です。これを活用して，企業の目標が個人の目標であるかのように，感化するような価値観を育てることです。

　③ 理念とは，理性から得た最高の概念であり，個人の企業経営の全経験を統合するものです。理念は，どちらかというと訴える力によるもので，社会の変化と共に変わり，自らが深く反省することから生まれてきます。常に変化している社会情勢を的確に判断できる能力です。

　経営学ではよく環境の変化を「環境が激変して」と一言で済ませてしまうことが多いのですが，実はこの環境変化の分析が大変難しいのです。そして，環境変化と自分の企業という関係を考えると，無限に変わっていく環境変化のなかで，自分にとって大事な変化は何かということを理解することが重要になってきます。

94

図表6-1　経営

機能＼個人特性	(1)信念をもつ態度	(2)先見性のある態度	(3)企業家精神	(4)人間尊重の態度
A 将来構想の構築	①野心；身分不相応な望み ○コンプレックスから出ることが多い ②使命感；天から与えられたと信じ込むこと ○自分の仕事を天命だと毎日自分に言いきかせる ③理念；理性から得た最高の概念で個人の全経験を統合するもの	①直観力；思惟作用を加えることなく対象を直接把握する能力 ○過去の経験による自信によって強化される ②想像力；知覚されないものを心に浮かべる能力 ○異なった意見にたえず接する	①企業家精神；不連続的緊張を自らつくり出す力 ○過去の成功の経験から自信をもつ ○創業者社長	
B 戦略的意思決定	○社会の流れをながめたえず内省することから生まれる ④信念；他人をひきつける信仰心に近い自信の心 ○理念を深く信じ込む	③洞察力；ものの本質を見ぬく力 ○つねに原点に立ち戻って考えるくせが重要 ④決断力；自信，大胆さを用いて非論理的に考え定める能力 ○同じような状況の豊富な経験		①包容力；相手を許し理解する力 ○ライバル意識をすて，まわりの人よりつねに高い視点をもつ ②人柄；品格 ③人間的魅力；人をなんとなくひきつける力 ○つねに自らを愚かにする
C 執行管理				④倫理観・道徳観；人の道，社会規範を尊ぶ心 ○真の人間の価値は何かを考える家庭教育，その他の教育 ⑤責任観；失敗すれば不利益を負わされることを感ずる感情 ○成育期の家庭，学校での責任ある行動の経験

出所）清水龍瑩『企業成長論』中央経済社，1984年，pp. 94-95

第6章 経営者能力論 95

者能力の体系化

(5)科学的態度	(6)管理者精神 その 他	(7)健 康	(8)情報収集力
①システム思考；事象をより大きなシステムのサブシステムと考える ○たえず空間的，時間的に広い範囲を考えるクセが重要 ②時間有効利用の能力；ものごとを短時間に処理する能力 ○たえず問題意識を明確にする ③計数感覚；経営についての計量的な面を強く意識すること ○市場関係数値をふくんだ損益分岐点をたえず考える	①管理者精神；連続的緊張にたえうる力 ○若いときから忍耐力で困難を1つずつ解決してきた ②リーダーシップ能力；構想力，人間的魅力，包容力，自信，倫理観，論理性などの統合された力 ○大きな組織を統率してきた経験による ③カシをつくるくせ；相手を喜ばせようとする生活態度 ○公私にわたって接触し相手の気持を知っておく	①健康；精神的，肉体的強靭さ ○若いうちの鍛錬，現在のリズムのある生活	①情報収集力；企業内外の情報を正確，敏速に収集する能力 ・主力製品に関する情報 ・情報の関連性についての知識 ・内在化された記憶の拡大更新 ○各界トップの人々との接触，まわりの人々との議論をたえず行う ②好奇心；新奇なもの，未知なものに対する興味 ○好奇心活用の結果成功した場合強化される

④ 信念とは信仰心に近く，自分を深く信じる心のことをいいます。しかし，信念だけでは間違えることがあります。さまざまな実績や経験や能力に照らしあわせ，それらを駆使し判断をし，実行していかなければなりません。

2. 先見性のある態度と企業家精神

先見性のある態度には，図表6-1の(2)の① 直観力，② 想像力，③ 洞察力，④ 決断力が必要です。

① 直観力とは，判断や推理などの思惟作用を加えることなく対象を直接に把握する能力のことです。これは，過去の経験による自信によって強化されます。何かあった時に，「これはおかしいな」とか「これはどうなるか」というようなことについて，手元に分析する情報が少ないにもかかわらず，一瞬にしてそれが何であるかを把握する力のことをいいます。このような直観力がなかったら，さまざまな局面で全く何もつかむことができません。直観力とは，人それぞれに認識基盤が違うために価値観も違います。それは，まさに前方・後方・左右・斜め，この八方の動きを一瞬にして把握するような力のことです。こういう意味合いで直観力のトレーニングをしておくことは重要です。あくまでも知識は，判断をしていくための基礎的な資料でしかありません。ただし，自分中心の直観力のみに頼りすぎた場合，大きく誤った判断をすることもあります。

② 想像力とは，知覚されていないものを心に思い浮かべる能力のことです。これは，異なった意見に接することによって体得しやすくなります。この想像力をふくらませるには，知識をベースにし

ながらあれやこれやと考えていくトレーニングが必要です。

③ 洞察力とは，物事の本質を見抜く力で，常に原点に立ち返って考える習性が役に立ちます。この能力は知識や分析力より高い次元のものです。ですから実際には，洞察力が欠けていると物事の本質はなかなか見抜けないものです。

④ 決断力とは，自信，大胆さを用いて非論理的に考え，自分の考えを定める能力のことで，同じような状況での豊富な経験が役に立ちます。ただし，豊富な経験というものの，過去にある方法で成功しているからといって同じ方法でうまくいくとは限らないし，環境や人の条件も変化しているので過去の成功体験をそのまま信じ込み過ぎると大きな失敗をすることがあります。「失敗は成功の母」といいますが，「成功は失敗の母」になることもあります。

図表6-1の(3)の企業家精神は，不連続な緊張を自ら作りだす能力のことです。たとえば，現在の製品が安定した成長状態にあっても，新製品開発を続けることは重要です。このことによってバランスのとれている現製品の枠を崩して新しい最適化を目指していくのです。これは非常にむずかしく，緊張や，リスクもあることですが，成功すれば大きな収穫になります。先の決断力で指摘したように，過去の成功の経験から自信をもつことは非常に大事ですが，この成功体験が思わぬ失敗をもたらすこともあります。一般に，創業者社長は非常に個性があり，豊富な経験とすばらしいアイデアから事業を始めますが，その特徴は自分の意思決定に自信をもっていることです。企業経営では，これは長所にも短所にもなります。

しかし，問題は，組織が大きくなったときにもこれが適用できるかどうかです。企業にはさまざまな機能分野があります。それらの

分野に優秀な人材を配置し，しかも，不連続的緊張を自らが作り出すことを力の源泉にしていくことが，企業家精神を導き出し，ひいては企業の成功を導くのです。実際には，組織のミドルやボトムの部分に位置する人々は中身のない精神論だけでは動かないので，これらの人びとが動きやすいような仕組みを作っていかなければなりません。

3. 管理者型の経営者

(1) 人間尊重の態度

　図表6-1の(4)の人間尊重型の経営者は，周りの人より常に高い視点をもっていなければなりません。そのために，① 包容力，② 人柄，③ 人間的魅力，④倫理観及び道徳観，⑤ 責任感をもっていることが必要です。

　① 包容力とは，相手を許し理解する力のことをいいます。たとえば，役員との話し合いでは，途中で話を折らないことです。そこでは，有益なアドバイスをして要領よくまとめていくというテクニックが必要になります。それから，相手のよいところを認めることです。しかし，ここで大事なことは，相手に間違っているところがあれば，率直に自分の意見を述べることも必要です。また，相手が一体何を言いたいのか，その心の奥にあるものは何かを知ろうとする細心の注意を払うことも忘れてはなりません。

　② 人柄とは，人の品格のことです。何事に対しても，温かい心をもち，正しいことは正しいと，そして間違っていることは間違っていると指摘できるような性格のことです。

③　人間的魅力のある人とは，人間の弱さを知っている人であり，仕事に対しては全精力をかたむけながらも，周囲への気くばり，心くばりを忘れない人のことです。部下を信頼するためには，相手の愚かしさを認めることや，自らも愚かしい人間であることを自覚し，寛大な心で部下に接することが大事です。人間的魅力のある人の周りには有能な人が集まってきます。

④　倫理観及び道徳観ですが，倫理観とは，人の道を尊ぶ心であり，道徳観とは一般に承認された規範を尊重する心のことです。これらが欠如すると，長期的には社会の反発を招き，企業の存続が危うくなります。たとえば，社会的には，公害問題に見られるように，公害を放置すると住民の反発を招くだけではなく官公庁から厳しく監視されます。社内的には，従業員のモラールの低下も招きます。正しい道徳観や倫理観なくして，一般社会での長期的存続はありえません。

そのためには，行動や判断が公平であること。特に，人事において公平さを欠くと信頼や統率力を失うことがあります。公平な人事はむずかしく，社内人事では被考課者が予想外の評価を受けた場合には，必ず不平が出てきます。最近は，人事考課も以前ほどはブラックボックス化されずに，明らかにされてきました。考課の基準も，考課者のトレーニングがあり，基準を打ち合わせしてから異常値を省いて個人の私的な感情に左右されないように工夫されています。

⑤　責任感とは，失敗のもたらす不利益を感じ，制裁を受ける覚悟があることです。制裁というと怖いひびきがありますが，企業の活性化を推進するために「信賞必罰」の制度があります。功労のあった人には，約束通り賞を与え，失敗をした人は必ず罰していかな

ければなりません。また，経営者は企業の長期的な発展と公正な成果配分について責任をもつ必要があります。

(2) 科学的態度

ここまでは，人間尊重の話でした。人間尊重の態度と表裏一体に必要なのが，図表6-1の(5)の科学的態度です。科学的態度とは物事やそれに対する自分について客観性を高めて考えていく姿勢であり，① システム思考，② 時間の有効利用の態度，③ 計数感覚が必要です。

① システム思考とは，事象をより大きなシステムのサブシステムと考える思考のことです。たとえば見積もり先の範囲を従来の取引先から他のメーカー，さらに海外のメーカーへと広げていきます。そしてフィードバックして原案自体の再検討をします。これも企業にとって大事なことであり，広い範囲を考える習慣から生まれます。絶えず将来的な長期構想を立てることが重要です。そのためには相当な見識が必要です。社会状況と自社との関係，つまり，自社を取り巻く環境が，自社に与える影響を分析することが重要です。自社の分析をする時には過去はどうだったか，現在はどうか，将来はどうなるのかと時系列で考えるだけでも会社のことを考える視野が広がっていきます。

② 時間の有効利用の態度とは，集中して早く問題を処理することができる能力のことです。そのためには絶えず日々の問題意識を明確にし，企業経営に必要なよりよい情報を選択していくことです。

③ 計数感覚とは，企業経営を行っていくうえで経営上の重要な数値を把握する能力のことです。もっとも重要なのは損益分岐点です。企業の基本的な収益構造は一枚の損益分岐点の図で表すことが

でき，自社が固定費型の会社か，変動費型の会社か必ず区別できます。特に損益分岐点を下げていくことによって，操業率が下がっても利益を上げることができるという体質を作ることが重要です。そのためには，市場占有率，売上高伸び率，利益率，金融費用，人件費などの数値を常に把握しておかなければなりません。このような計数感覚の科学的態度があって，初めて経営がうまくいきます。

(3) 管理者精神，リーダーシップ能力，カシをつくるくせ

科学的態度の表裏一体として人間尊重の態度が必要です。これらを統合するのが，図表6-1の(6)① 管理者精神，② リーダーシップ能力，③ カシをつくるくせです。

① 管理者精神とは，危機であっても冷静に組織をまとめていく力のことです。人間は危機に瀕すると，冷静さを失い間違った判断を下しやすいものです。危機を予測する能力や，被害を最小限に食い止める優れた判断が不可欠です。たとえば，重大な危機に直面した場合には，どのように対応していくかを考えることのできる管理者精神が重要です。新製品開発で技術的欠陥によるハプニングが起こると，社内が不安になります。そこで，じっと耐えて指揮を執るという能力が管理者精神なのです。あるいは人事問題などで紛糾して下駄を預けられ，「あなたに任す」といわれた時にも，責任をもって調整を考える能力が必要です。これは非常に苦しいことですが，管理者の使命なのです。このような管理者精神は，若いときから多くの困難を一つずつ克服してきた人がもっている能力です。

② リーダーシップ能力とは，長期の構想力，人間的魅力，包容力，自信，倫理観，公正さ，忍耐力が統合された力のことです。リーダーシップは大きな組織や多くの部下を統率してきた経験によっ

て育まれます。

③ カシをつくるくせとは相手を喜ばせようとする生活態度のことです。常に公私にわたって相手と接し，相手の気持ちを常に知っておくことが必要です。常日頃，相手の望むものを満たそうとする態度などから相手にカシをつくっておいて，何かあった時に相手にあの人のためなら少し無理でもやってやろうと思わせることです。しかし，恩きせがましいカシのつくり方は逆効果です。

(4) 健 康

すべての経営者にとって図表6-1の(7)の①健康管理は大切です。特に自分の健康状態や，自分の体のリズムについて常に知っておくことが重要です。

① 健康管理

健康管理とは，経営者が将来構想，意思決定，心配りのある管理ができるような体力と気力を自己管理することです。私のように60歳代になると，体力も気力もだいぶ衰えてきています。しかし，経営者には60歳代，なかには70歳代以上という高齢の人もいます。このような人たちは非常に精力的に働くために，体質づくりや鍛錬やリズムのある生活をしていることが多いようです。また年齢が高くなると，新製品開発や新事業のリスクに挑戦するのはむずかしくなりがちです。健康管理には精神的ストレスがたまらないようにすることが必要です。そのためには，良好な人間関係をもつことが大切です。不健全な人間関係は非常に神経を使います。大幅な権限委譲を独り占めすると，組織はスムーズに動かなくなります。特に精神的な健康を保つためには，人それぞれの体にあった工夫が必要です。通常，社長はたくさんの問題を抱えているので，常に精神衛生

第 6 章　経営者能力論　103

に留意することが必要です。

(5) 情報収集力

　現代の情報化社会では，貴重な情報を集めることが何よりも重要です。図表 6-1 の(8)の情報収集力には，① 情報収集力，② 好奇心があります。

　① 情報収集力とは，企業内外のことを早く正確に知る力のことです。たとえば，主力製品に関する市場変化をしっかり把握し，その製品の関連知識を持っておくことが必要です。その関連知識は物理的な面だけでなく，経営面からもその商品をみていく態度が大事です。大会社の社長は，自社で製品を作っているのをみても，何をしているのかを理解できないことが多くあります。しかし社長にとって必要なことは，自分の会社を経営していく能力があるかないかということです。よくそこを間違えて「あの社長は現場のことは何も知らない」といわれたりしますが，企業では立場によって評価の尺度が違うのです。経営者の仕事にはいろいろな情報を集めることもありますが，これをただで集められることもあれば，コストをかけて集めなければならないこともあります。情報過多の時代ですから，的確で役に立つ情報を選んで，全体を深く分析することです。そのために各界のトップの人とたえず意見交換をし，必要な情報があれば自社内部に情報を提供しなければなりません。また常に，自社の方針を明らかにすることです。

　② 好奇心とは，経営者を行動に駆り立てる大きな欲求のことです。新奇なものや未知なものに対する興味がなくなってくると人間は進歩しません。ですから，経営者は知識の拡大，企業成長，新製品開発，経営多角化について考えていくことが重要です。

4. 経営者能力の要

トップマネジメントの経営者機能には，将来を見据えて，戦略を決め，部下を監督し動機づけることが必要です。言い換えれば，将来構想の構築，戦略的意思決定，執行管理をすることです。具体的には，企業理念と企業外環境と企業内条件の結合です。企業理念は，歴史的に蓄積された価値観のうえに新しい方向を示すことです。企業外環境とは技術や国際状況のことです。企業内条件とは，変化への対応を可能にする強みや変化への対応を不可能にする弱みのことです。将来のあるべき姿を思い浮かべるには，まずは，自社の過去と，現状と将来を見据えることが必要です。

経営者能力とは，経営者機能を果たすための能力ですが，その具体的な中身は状況に応じて変わるので普遍的なものはありません。

以上，経営者能力について体系立てて説明してきましたが，問題はその体系化の中でそれぞれの要因がどういう関連をもち，その裏に何があるかということを把握することです。大事なことは，自分の立場に引き寄せて，これらの能力を活用していくことです。経営者個人がすべてにすぐれた能力をもつことは，実際上は無理なケースが多いといえます。その場合には，個々の能力をもっているすぐれた人を自分の周りにスタッフとして配置することが望ましいのですが，実務においては，複雑な人間関係を生む可能性が高いので，この点に配慮した人事を行うことが経営者能力で一番大切なことかもしれません。

注

1) 清水龍瑩『企業成長論』中央経済社，1984 年，pp. 92-110

　なお，本章は，清水龍瑩教授の経営者能力について述べていることをパラフレーズしながら私の考えを書き加えました。なお，同教授の記述については特に区別していません。

2) ドラッカー，P. F., 上田惇生訳『［新版］経営者の条件』ダイヤモンド社，1995 年，p. 28

7

私の人生の応援歌

1. はじめに

　若い時には誰しも人生について考えるものです。私も若い時，人生いかに生きるかということを考えましたが，正直いってよくわかりませんでした。いろいろな人からさまざまな話を聞きました。人生は生きてみないとわからないという話，それは正しいでしょう。でも生きてみたからわかるというものでもないのです。人生において確実にいえることは，人は歳を重ねて老いてゆく，そしてやがて死を迎えるという歴然たる現実です。日々，私たちは考えながら行動し，行動しながら考える，そのなかで多くの経験を積むのです。その経験を活かしながら，人生を有意義なものにするのではないでしょうか。

　たとえば，芸術家の岡本太郎さんです。1970 年の万国博覧会で太陽の塔を作った岡本太郎さんは，芸術を爆発として考えて，自分というものを実現させていく人でした。いわゆる芸術家といわれている人たちは，その有名な人に才能があるからできたのだと思われがちですが，優れた才能を裏づける努力と精神力が成果を生むと考えるべきでしょう。以前に聞いた話ですが，若いピアニストの辻井伸行さんは，なんと一日 11 時間も練習するそうです。11 時間の練習といったら，1 日のほとんどがピアノづけです。盲目というハン

ディキャップをもつ辻井さんですが，特に優れた感性と，支えてくれる家族の存在，それに努力の積み重ねの日々があったればこその演奏であり，成果なのです。

2. 私の人生と転機

　ところで，私の人生はやり直しの人生でした。1976年に大学を卒業し，約8年間今は亡き父の経営する小さな会社で働きました。しかし，経営においては父との意見の衝突，従業員との関係に自分の将来が危ないという絶望感を抱きました。そこで，やり直しの人生になった時に，慶應義塾大学ビジネススクールというハードな勉強を課すトレーニング場のような厳しい学校に進学しました。そこでの2年間は，勉強づけの辛い日々を送りました。今日が終われば明日の予習，明日が終われば明後日の予習というように，毎日が容赦ないしんどさでした。そして2年目に，私は博士後期課程への進学を希望しました。もちろん，慶應義塾大学ビジネススクール在学中のことでした。受験には第1外国語に英語を第2外国語にドイツ語を選択しました。特にドイツ語は，夜，専門学校に通って実力をつけたおかげで合格したのです。語学は大学時代に勉強した英語やドイツ語の知識も随分役に立ったと考えています。

　私が大学を卒業し，大学院の受験に失敗した時，私に対して好意的でない，むしろ悪意をもった教師がいました。この時いつかはこの教師を見返してやりたいと考えていたのです。そういう意味では，見返してやりたいという復讐心のようなものが原動力の一つになったと思っています。人間の行動の原動力というものは，何もきれい

で純粋なものばかりではないと思います。

たとえば，仕事をしてお金が欲しい。できればたくさん欲しい。これを強欲だという人もいますが，それは自然な欲望です。当然お金がたくさんあれば，欲しいものが手に入りやすいでしょう。そんななかで私は研究者の道を選び，短期大学そして大学及び大学院の教師となりました。その時は自分で自覚していませんでしたが，自ずといわゆる実学の流れに乗っていたのです。

2014 年 2 月に刊行した，『新・実学の学び』にも書いたのですが，私が卒業した滋賀大学経済学部は，旧彦根高商の伝統を受け継ぐ実学の名門校でした。人生再チャレンジの慶應義塾大学ビジネススクールは実践的経営教育をする大学院でした。その後，慶應義塾大学大学院商学研究科の博士後期課程で研究を主にした生活をしました。最初に就職した岡崎女子短期大学経営実務科は，経営実務を前面に打ち出した学科でした。また現在教鞭を執っている高崎商科大学は実学重視ということで，まさに私は実学の学校で学び，さらに実学を教える学校で教師をしていることになります。現在，私が実学の道にあることを非常に面白いと思っています。私自身の若いころは，実学的なものよりアカデミックなものを勉強したいと思っていたのです。それが全く反対の「実学」そのものの人生を歩んでいます。

私の人生のストラテジックな問題は，まず短期大学の教員になり，次に 4 年制大学の高崎商科大学に教授として採用されたことです。それから業績の問題です。業績というのは公刊論文と学会発表のことですが，これらを発表して自分の能力を証明しなければなりません。そして私自身，何冊かの本を出版することができました。私の体験から「人生は絶対に諦めてはいけない」ということができます。

第7章　私の人生の応援歌　109

たとえ病気や事故にあっても，諦めてはいけません。またその中で充実した人生を目指していくことが大事なことです。これは口でいうのは簡単ですが，実際は難しいことです。

　大学の教師というのは，現実を客観視してその中から出てくる体系的な知識を学生に語ることになります。学生はその知識を自分の中で消化して，社会に出て応用していくことになるのです。大学でしっかりとした学びのノウハウを身につけた学生は，社会に出ても吸収力，応用力ともに強いという特徴をもっています。今，経営戦略論を勉強している学生は，自分のキャリアデザインをしっかりと考えて，自分の人生の戦略に活かしてほしいものです。

3.　人生と恩師

　65歳の今，私の人生は平たんな道のりではなかったと振り返っています。やり直しの人生で私は出会った先生方に助けられ，良き影響を受け，多くのことを学んできました。最初の先生は，慶應義塾大学ビジネススクール時代にお世話になった小野桂之介先生です。小野先生との出会いがあったればこそ，今の私の人生があるといっても，言い過ぎではありません。小野先生は，慶應義塾大学ビジネススクールの大学院研究科長やビジネススクールの校長にもなり，また，中部大学の副学長まで務められました。先生は教育に関して，一所懸命でした。私の修士論文でも時間をかけて見てくださり，赤ペンでびっしりと修正してくれたことがありました。労を惜しむことのない，面倒見のよい先生に巡り合えたことが，私の人生にとっては幸運でした。

2人目は，ドイツ語でお世話になった西尾豊先生です。慶應義塾大学ビジネススクールの2年目から私は東京渋谷の語学専門学校でドイツ語を勉強しました。その当時，西尾先生は若かったのですが，大変熱心に指導してくださいました。博士後期課程を受験するために通って勉強したのですが，ドイツ語の好きな私はしばらく西尾先生について勉強しました。先生に出会って，ますますドイツ語が好きになった私でした。現在も，西尾先生は池袋に所在するクルト外語でドイツ語を教えています。

博士後期課程では，経営学の研究で日本を代表する野口祐先生の門下生になりました。野口先生は多くの学生から人望を集める立派な先生でした。私は一度，就職に失敗しました。普通でしたら，「勉強が足りない，君には能力がない」と言われるところを先生は，「また別の良い大学に入ればいいんだ」，ときっぱりおっしゃいました。常に前向きで，未来思考の先生でした。まもなくして，私は公募で愛知県の短期大学に助教授として就職が決まりました。これも先生の前向きな思考に支えられてのことと感謝しています。

4. 学生に向けて

人生は良いこともあれば悪いこともあり，嫌なこともあれば楽しいこともあります。私自身は，思い切り自分を成長させて，やりがいのある仕事をして，楽しく生きたいと思っています。

私は長年朝起きるのが辛かった。それは睡眠時無呼吸症候群で，熟睡ができていなかったからです。寝不足の時は頭が冴えません。この病気に気がついたのが，2014年の6月でした。私は他に原因

があると考えていたのです。英語のCDを聞いても集中力に欠け，頭に残りませんでした。今はシーパップ（CPAP）という酸素マスクのような器具を鼻につけて夜寝ています。長年の不眠の原因が解明されて，目の前が明るくなり，何事にも希望をもてるようになりました。

それから，人と人との繋がりにおいて，コミュニケーションは大事です。人と会って，「あの人と会ったら元気が出る」となれば，皆寄ってきます。「あの人と会って話をしたら憂鬱になる」となれば誰も寄ってきません。同じような話ばかりしていたら嫌がられるでしょう。私にはこの傾向が強いようですが，気をつけたいと思っています。特に若い人とのつきあいでは，最新の新しい知識や情報を吸収し，発信していくなかで，相手とのコミュニケーションをとる努力をすることが大事だと思います。

つい最近，100字で文章を書くように頼まれました。そこで私は全力投球も大事だけれど，リラックスも大事，息抜きも大事だというような趣旨のことを書きました。たとえていうなら，野球のピッチャーが一球一球を全力で投げていたら続きません。対する打者により力の入れ具合は違ってきます。この打者にはこれぐらいというようなことを心得ながら，持続性を保って成果を上げていくのです。つまり，何事も全力でやるのではなくて，緩急を上手につけてリラックスする時はリラックスすることが大事だということです。勉強する時は勉強する。リラックスする時はリラックスするというように割り切ってやっていくと生活が楽しくなります。

あの岡本太郎先生のような「芸術は爆発だ」というような意気込みが欲しいです。私自身も教師として，学生たちに少しでも役に立

つことが伝えられたら嬉しいと思っています。「宝の山」というのは，今ここにあるのです。今勉強する時に勉強しないと，卒業してからは時間がなくて思うように勉強できません。学生時代，お金はないけど時間はある。つまり勉強する時間はあるのです。社会人になって仮に働きどおしだとすると，お金はあるけど時間がない。これでは勉強ができません。それではいつ勉強するのかということになってくるのです。私が薦めているのが喫茶店学習です。気分を入れ替えるのに30分でも良いから，喫茶店に入り自分の時間をもつことです。私は以前，9時から始まる経営戦略の授業がある日は，8時に学生ホールに行って，コーヒーを飲みながら自分の読みたい本を読んだり，その日の授業の内容を考えたりしていました。私自身，そこで1週間ごとのローテーションを考えていました。

　人生途上で，難問に何度もぶつかると思います。人生は一度しかないのです。余裕のあるような話をしていたら，その大事な一度の人生があっという間に流れてしまいます。私も若い時から何度も問題にぶつかりながら，一つひとつ解決してきました。今までの人生には，面白いことも数々ありました。失望してみたり，希望をもってみたりと，人生の山坂をいくつも経験してきました。好調だと安心している時に足元をすくわれたこともありました。それは，皆紙一重のところで生きているということです。油断は禁物と心することです。

5.　研究領域と将来展望

　私自身は自分の学問的な流れを振り返ると，経営戦略から入り，

産業の戦略というところから企業戦略論に進み，そして企業の戦略が一通り終わったところで，今自分の人生を見つめ直して人生戦略論に進化しています。3年前から次に進む課題を考えていたのですが，やっと次の課題が見つかりました。それは大学の1年生で学ぶキャリアデザインです。キャリアデザインの専門の先生の話を聞いて，「今まで私が追い求めていた話だ」ということがわかり，ようやくキャリアデザインのことを学んでいきたいと思うようになりました。これからの残りの人生を発展させて，学問的な何かを研究したいと思っています。

　自分の人生は自分で切り開くものです。そして人生の応援歌を自分で作っていく。人は歳をとります。後継者を育てることはやりがいのある仕事です。私の『新・実学の学び』は，何か問題に遭遇した時，解決へのヒントにしてもらえたら嬉しいです。良い本をたくさん読むというのは大事なことです。さらに一冊の良い本を何度も繰り返し読むということは，もっと大事なことです。私は大学院時代に小野桂之介先生が推奨してくれたW.E.ロスチャイルドの『経営戦略発想法』（ダイヤモンド社，1977年）を何度も読んでいます。その度に感銘を受けています。つまり，良い本というのは何度読んでもまた新しい発見をするものなのです。拙著『新・実学の学び』と本書を何度も読んで，そのように活用してもらえたら嬉しいなと思います。

6.　むすび

　最後に「ひと言」。どのような運命をたどるかは人それぞれであ

り，千差万別の人生になると思いますが，前向きの未来志向で生きていくことです。自分の人生を「人生は爆発だ」と言って生きるのも良いでしょう。個人の自由で，平凡な人生が目標というのも良いでしょう。再チャレンジになったら，かなり厳しい状況からのスタートになりますが，全くダメだということではありません。希望を持ち続けることです。

　私自身の再チャレンジのきっかけは，1984年の慶應義塾大学ビジネススクールに入ったことです。そこからかなり順調に，かつ挫折を繰り返しながらやってきました。そんななかで良き師，良い友達との出会いがあり，私自身の努力もしかりですがチャンスに恵まれた人生であったといえるかもしれません。私の人生はこれで終わりではないのです。新たな目標に向かって，勉強を重ねていきたいと思っています。本書は私の学生たちへのメッセージであり，少し恰好をつけた私の人生の応援歌です。

付・用語解説

(1) 経営戦略 (Strategic Management[1])

経営戦略とは，企業が長期的に発展し将来に向かって持続的な競争優位を確立するために，競争企業その他の経営環境の動向および自社の動員可能な経営資源などを考慮しながら立案した企業行動の基本的な構想であり，企業の進むべき道（方向性）を明示し，組織内部における意思決定の基礎となるものです。

経営戦略には，次の3つの階層レベルがあります。

① 全社戦略：企業全体の理念や方向性を定め，対象とするドメインや事業ポートフォリオの構成，新規事業への進出や経営資源の整備，競争戦略の基本方針などに関する決定を長期的な視野で行う。

② 事業戦略：特定の産業ないし製品と市場セグメントでいかに競争するか，そのために必要な経営資源をいかに整備するかといった点に関する方針を決める。

③ 機能分野別戦略：全社戦略と事業戦略を実現するために必要な人事，財務，製造，販売，マーケティング，研究開発，情報システムなどの機能分野別の行動方針を決定する。

経営学では，ドラッカーが『現代の経営』(1954) で「我々の事業とは何か，それはいかにあるべきかを明らかにすること」として，暗示的に経営戦略の重要性を指摘しました。もともと軍事用語であった戦略を経営学に持ち込んだのはチャンドラー (A. D. Chandler, Jr.) です。彼は『経営戦略と組織』(1962) で経営戦略を「一企業体の基本的な長期的目的を決定し，これらの諸目的を遂行するために必要な行動方式を採択し，諸資源を割り当てること」と定義しま

した。経営史家である彼の戦略の中心的な問題は多角化と事業部制組織でした。

経営戦略に関する最初の本格的な研究はアンゾフの『企業戦略論』(1965) です。彼は経営戦略を「部分的無知の状態のもとでの意思決定のためのルール」と定義しました。また企業の成長パターンを市場浸透，市場開発，製品開発，多角化の4つに区別して戦略を展開しました。ホーファーとシェンデル (C. W. Hofer & D. Schendel) は，『戦略策定』(1978) で経営戦略を「組織がその目標を達成する方法を示すような，現在ならびに予定された資源展開と環境との相互作用の基本的パターン」と定義し，チャンドラーやアンゾフよりも戦略の意味内容を豊富化しました。

1970年代になり，多角化した事業をいかに管理するかという問題が発生し，その解決方法としてボストン・コンサルティング・グループはプロダクト・ポートフォリオ・マネジメント (PPM) を開発しました。1970年代後半以降になり，経営戦略の研究は大きく2つに分化しました。第1の流れは，事業戦略ないしは競争戦略の確立を目指すものであり，ポーターに代表されます。第2の流れは，プロセス型戦略論と呼ばれ組織の相互作用の中から創発的に形成されるパターンを経営戦略として概念化しようとするものです。ミンツバーグは戦略を「意図された戦略」と「実現された戦略」に区別しました。その後，ハメルとプラハラードの『コア・コンピタンス経営』(1994) に代表される能力ベースの戦略経営の研究へと発展しています。

日本における経営戦略論の研究は，1980年以降に活発になりました。伊丹敬之は『経営戦略の論理』(1980)，『新・経営戦略の論

理』（1984）で情報的経営資源を「見えざる資産」として重視しました。奥村昭博は『経営戦略』（1989）で分析型戦略論とプロセス型戦略論を統合した統合的戦略論を提唱しました。野中郁次郎は，『知識創造の経営』（1990）で知識創造理論を確立し，知識の創造を行い続けることを提唱しています。

(2) VHSB モデル[2]

日米の大企業の戦略や組織の分析から抽出した，企業による環境適応の4類型のことです。その考え方は，加護野忠男の説明によると大略次のようになります。第1の包括次元は，組織の編成の仕方により，グループ・ダイナミクスとビューロクラティック・ダイナミクスに区分されます。第2の包括次元は，環境との相互作用の仕方により，オペレーション志向とプロダクト志向に区分されます。これら2つの次元の組み合わせによって規定される4つの類型の特徴は，次のとおりです。

H型はグループ・ダイナミクスでオペレーション志向のことです。日本企業に多く見られ，集団内，集団間の人間関係が重要となります。例として，パナソニック，トヨタ自動車などです。V型は，グループ・ダイナミクスでプロダクト志向のことです。ベンチ

図表付-1 4つの適応類型

	グループ・ダイナミクス	ビューロクラティック・ダイナミクス
オペレーション	H型	B型
プロダクト	V型	S型

出所）野中郁次郎他『経営戦略論』有斐閣，1996年，p. 159

ャー志向の企業にみられます。新製品開発に重点を置いています。例としては，京セラ，TDK，3M，HPなどがあげられます。S型は，ビューロクラティック・ダイナミクスでプロダクト志向のことです。アメリカ企業の多くに見られ，明示化された戦略が鍵です。GEなどが該当する例です。B型はビューロクラティック・ダイナミクスでオペレーション志向のことです。日米の鉄鋼や自動車など専業型の巨大企業に多く見られ，官僚制の典型です。

(3) 企業文化（Corporate Culture[3]）

企業がもつ固有の文化を示し，通常，企業独特の価値と理解されています。この意味では企業にはそれぞれ固有の文化があるといえます。1980年代に，ピーターズ（T. J. Peters）とウォータマン（R. H. Waterman）は，優良な企業を分析した結果，企業の業績と企業文化が密接に関連していることを指摘しました。その後，企業文化に関する研究が盛んになりました。梅澤正によれば，企業文化は企業価値の実現を目指して形成されたその会社に固有の思考と行為の様式であるとされます。そして，企業文化の構成項目としては，観念文化（企業哲学，経営理念，社訓，要項），制度文化（伝統，慣習，儀式，タブー，規則），行動文化（社風，風土，雰囲気，昇進，研修，宣伝），視聴覚文化（ロゴ，社旗，社歌，制服）などがあり，これらが組み合わされて企業文化はできあがります。

企業文化の形式と確立には，企業哲学や経営理念の体現が前提です。企業独自の経営理念を確立することにより，企業組織としての個性を明確にし，社員が共通の感情や存在感をもつことができます。

現在の企業文化には，社員の自己実現のためのシステム作り，顧

付・用語解説　119

客満足を充足させる営業活動，地域社会に貢献する企業活動などが含まれていることが必要です。このような研究は企業の文化にとどまらず，一般の組織における文化を対象とした組織文化論としても展開されています。

(4) コーポレート・アイデンティティ（Corporate Identity：CI[4]）

シンボルを用いて企業コンセプトを確立し，経営活動全般を明確にしたり，会社として自己を認識したり，社会に対する会社のイメージを確立することです。通常，頭文字をとって CI と呼ばれます。1980 年代に入って，多様化する市場に適応し，企業の独自性を明示するために，多くの企業が CI を採用しました。企業は CI を導入することによって企業活動を活性化させ業績の向上をめざします。梅澤正によれば，CI 導入の具体的効果としては，組織の活性化，事業と市場の活性化，資源の活性化などがあります。CI が企業組織の活性化に寄与する理由は，外部の情報や資源を利用し内部に取り込んで本体をゆさぶる効果があること，また未来提示型の前向きのアプローチであり，後ろ向きの問題指摘型アプローチではないことがあげられます。このように CI の目的は企業の社会的認知と活性化ですが，具体的な内容がないと表面的な化粧直しに終わってしまうこともあります。

(5) コストリーダーシップ（Cost Leadership[5]）

ポーター（M. E. Porter）が唱える競争の基本戦略に，コストリーダーシップがあります。

コストリーダーシップは，さまざまな原価低減努力を通じて同一

商品を調達し価格競争により優位な立場を獲得する戦略です。この製造原価を下げる努力の基本は，生産量を増加し規模の経済により単位当たりのコストを下げたり，累積生産量を増やしてエクスペリエンス曲線（経験曲線）を利用することによりコストを下げることです。

ポーターによれば，この戦略が成功するためには，生産コストだけでなく間接諸経費を下げ，R＆Dやサービス，セールスマン，広告などのコストを切り詰めると同時に，経営者がコストの統制に万全の注意を払うことが必要です。この戦略の利点は，業界内に強力な競争相手が現われても平均以上の収益を生むことができ，同業者の安値攻撃をかわす防御体制ができることです。ただし，この戦略が有効性を発揮するためには，マーケットシェアが高い，原材料が有利に入手できる，製造がしやすい製品設計である，関連製品の種類が多くてコストが分散できる，などの条件が必要です。

また，この戦略は競争相手が差別化戦略で攻撃してきた場合には，自社も差別化戦略を加えたうえで競争していかなければなりません。この戦略には，自社の投資や習熟が無駄になってしまう技術革新が起こったり，他社が低コストの方法を身に付けたり，自社の製品開発やマーケティング戦略がおろそかになるリスクがあります。コストの低減を量産化することで実現するというこの戦略は，生産された製品がすべて販売できるという市場でなければなりたたないという問題を持っており，産業や市場の違いによってはマイナスの戦略にもなりかねないという欠点をもっています。

付・用語解説 121

(6) コングロマリット (Conglomerate[6])

　企業の多角化には，関連多角化と非関連多角化があります。コングロマリットは，技術も市場もこれまでの自社の事業とは無関連な事業に進出する非関連多角化の企業結合形態の一種であり，通常は買収によって実現されます。1960年代にアメリカで，従来の企業合併が独占禁止法に触れる恐れがあったことや，企業買収を通じて新技術が手っ取り早く取得できるといった動機から多数のコングロマリットがあらわれました。アンゾフによると，コングロマリットを支持する考えとして，シナジー型の多角化ではシナジー効果を期待して買収しても成果が上がらなかったり，技術も環境も限定されることから不測事象に対して弱いことがあげられています。また，コングロマリットを批判する考えとしては，競争が激しいとコングロマリットには問題が発生しやすいこと，また消費者に低価格で商品を提供しうるシナジーの利点を提供しないので社会的な存在意義がほとんどないことがあげられています。コングロマリットは株式取得によって企業買収を行っていくので，株式公開買付けを活用し中小企業が大企業を買収することもあります。また，買収の好きな経営者がコングロマリット化の道を選び，利益を追求する経営者がシナジーを選ぶ傾向があるともいわれています。現在では収益率の低下からコングロマリットは下火となっています。

(7) 知識創造 (Knowledge Creation[7])

　野中郁次郎が知の創造とマネジメントを理論化して展開したことで，よく知られています。野中の説明によると大略次のようになります。

日本企業の経営理論と実践における貢献は，組織的知識創造の一つのパターンと組織原理を開発したことです。知識創造の基本は暗黙知と形式知のダイナミックな相互作用であり，それを促進する情報創造です。知識は情報と違って，信念，意図，目的とかかわっています。知識創造には暗黙知と形式知という２つの次元があります。暗黙知とは特定状況に関する個人的な知識で，形式化したり他人に伝えることがむずかしい性格をもっています。一方，形式知は言葉ではっきりと伝えることができます。

　人の知識は，暗黙知と形式知との社会的な相互作用によって創造拡大されますが，この知変換には４つのモードがあります。

　① 共同化：共通体験により個人の暗黙知からグループの暗黙知を創造する（修業など）。

　② 表出化：暗黙知から形式知を創造する（対話など）。

　③ 連結化：個別の形式知から体系的な形式知を創造する（知識交換など）。

　④ 内面化：形式知から暗黙知を創造する（文書化，行動学習など）。

　個人の暗黙知がこれら４つの変換モードを通じてより組織的に増幅され，より高いレベルでの暗黙知へと拡大されることが，繰り返し行われることを知識スパイラルといいます。

　この組織的知識創造を促進する条件は，意図，自律性，ゆらぎと創造的なカオス，冗長性，最小有効多様性です。

　また，組織的知識創造は次の５つのフェイズを経て行われます。

　① 暗黙知の共有（対話・体験→共感・信頼），② コンセプトの創造（メンタルモデル→言葉→コンセプト），③ コンセプトの正当化（組織や社会にとって価値がある），④ 原型の構築（プロトタイプ，モ

付・用語解説　123

デル，模型，青写真などへの具体化），⑤知識の転移（他部門への広がり）

(8) ドミナント・デザイン（Dominant Design[8]）

　支配的なデザインのことです。アバナシー（W. J. Abernathy）らによると，製造工程と製品の進化には，流動的段階と成熟段階があり，進化の初期である流動的段階では，新製品の性能に関する基準がはっきりと定められていません。この状態の中で，消費者と生産者が研究と学習を反復していくことによって，製品の機能のコア・コンセプトが次第に明らかになっていきます。

　ドミナント・デザインは，この市場でのコンセンサスが得られたときに確立されます。ドミナント・デザインが確立されると，技術的な関心と影響力に関して全体的な序列付けがなされ，これまで分散していたさまざまなイノベーションが結晶します。そして，製品デザインの標準化が達成されると，製造工程も標準化を開始します。そうなると，これまでの競争のあり方が根本から変わります。つまり，市場における競争はもはや製品の特性をめぐって行われるのではなく，製品の価格（コスト）に移っていきます。生産者の仕事は適当なデザイン・コンセプトを決めることから，生産の効率と経済性を達成することへ徐々に変わっていきます。それゆえに，競争上の優位を確立するのは，このように変わりゆく消費者嗜好をとらえ，それに見合った技術を開発し続けることのできる生産者です。

　ドミナント・デザインが確立された成熟段階でイノベーションが成功すれば，他の生産者のイノベーションに対する抵抗力が大きくなっているだけに，他の生産者に対して破壊的な打撃を与える可能

性が大きいのです。こうしたイノベーションが起こると，それをきっかけに，成熟から脱成熟化へと新たな展開が始まります。

(9) ドメイン（Domain[9]）

　企業の活動領域や事業領域のことです。とくに環境変化の激しい現在では，その事業体が生存し発展していくためには，特定の領域で活動することが望ましいので，ドメインの選定は企業の盛衰を決めることにもなりかねません。たとえば，NEC の「C & C（コンピュータ＆コミュニケーション）」が有名です。ドメインは，エイベル（D.F.Abell）によると，顧客層，顧客機能，技術の３つの次元で定義されます。ドメインを設定することによって，自社のアイデンティティを確立し，自社の活動領域を社内及び社外にも認知させることができます。また，まだ事業化されていない潜在的な事業領域を含むことによって，企業の拡大をはかることができます。ドメインの設定はきわめて戦略的なものであり，企業として何をやっていくべきか，また何をすべきでないかを明確にすることによって，活動の重点を集中化することができます。

(10) PIMS（Profit Impact of Market Strategies[10]）

　マーケットシェアが利益に及ぼす影響を調査研究したものであり，1960 年代に GE が企業戦略を分析するために社内調査プロジェクトを発足させたことから始まりました。PIMS プログラムは，1972年にハーバード・ビジネス・スクールの関係調査機関であるマーケティング・サイエンス・インスティチュートにおいて本格的な調査研究が行われた後，1975 年に設立された戦略計画研究所に引き継

がれました。PIMS は，バゼルとゲイル（R. D. Buzzell & B. T. Gale）の説明によると，次のようになります。

　PIMS のデータベースのコンセプトは，事業単位と対象市場から構成されます。1986 年時点で，このデータベースには 2600 以上の事業の 4 年間以上のデータが集められています。PIMS では市場戦略と業績の関係について，次のように指摘しています。

　① 事業単位の業績に影響を与えるもっとも重要な要因は，競争相手に対する製品及びサービスの相対的な品質です。上位 3 分の 1 にランクされた製品及びサービスは，下位 3 分の 1 にランクされた製品・サービスに比べて平均 5〜6％高い価格で売られています。

　② 市場シェアと収益性は強く結びついています。シェアが 50％以上である事業の収益率は，シェアが 10％以下である事業の収益率の 3 倍以上です。

　③ 投資集約度が高いと収益性は低下します。

　④ 負け犬や問題児でもキャッシュを生むものもあれば，金のなる木でもキャッシュを生まないものもあります。

　⑤ 垂直統合が収益性を高めない場合もあります。

　⑥ ROI を上げる戦略要素のほとんどは，長期的な事業価値の向上にも貢献します。

　しかし，マーケットシェアが収益性の決め手と信じられてきたデータを基にして考えられた PIMS 理論ですが，相川勝夫と矢作恒雄の研究によるとマーケットシェアは収益性に影響を及ぼさないという，PIMS 理論を根底からくつがえす研究があります。

(11) PPM (Product Portfolio Management[11])

プロダクト・ポートフォリオ・マネジメントの略語で，多角化した企業が各事業への効果的な資源配分と最適な製品事業の組み合わせを実現するための手法です。ボストン・コンサルティング・グループにより開発されました。

PPMは，製品ライフサイクルと経験曲線をもとにして企業の長期的資金配分を決定するために，縦軸にその製品の市場の成長率，横軸にその製品の市場における自社の競争上の地位（相対的マーケットシェア）をとります。この2つの基準をもとに，投資戦略の決定，つまり，投資を拡大するか，現状を維持していくか，あるいは撤退するかを決めます。

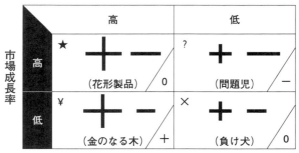

図表付-2　ビジネス・タイプ別の資金の流出入

注1) プラス符号＝資金流入の大きさ　マイナス符号＝資金流出の大きさ
注2) 合計して大きなプラスになるのは一般的に「金のなる木」だけである
出所) アベグレン，J. C., ボストン・コンサルティング・グループ『ポートフォリオ戦略』プレジデント社，1977年，p.74より

PPM は，4つのセルからなり，各特徴は次のとおりです。

① 金のなる木：相対的マーケットシェアが高いが成長率の低い製品で cash cow と呼ばれます。シェアの維持に必要な再投資分をはるかに越えた多大の現金流入をもたらします。

② 花形製品：高成長分野で相対的に高いマーケットシェアを占めている製品で star と呼ばれます。現金の流入量が多いが，成長のための資金需要も大きいので，必ずしも現金を創出するかどうかはわかりません。成長が鈍化したときには大きな現金創出源となります。

③ 負け犬：成長率も低く，相対的マーケットシェアも低い製品で dog とよばれます。現金の流入量が少ない。

④ 問題児：高成長期の製品であるが，相対的マーケットシェアが低い製品で problem child と呼ばれます。現金流入額よりもはるかに多くの現金流出（投資）を必要とします。

PPM の鍵は，「金のなる木」をいかに多くもち，そこから生まれる資金を使って，いかにうまく次代の「金のなる木」を育てるかということです。

PPM の問題点としては，事業を製品別だけで捉えるのは不正確であること，事業間のシナジー効果が不明瞭であることなどがあげられます。また実際では，単一製品のみを製造している会社は少ないので，PPM では個別の製品の生産にかかる費用と収益を数値化していないことにより適切な判断ができないという欠点をもっています。

(12) ビジョナリーカンパニー (Visionary Company[12])

コリンズとポラス (J. C. Collins & J. I. Porras) が，傑出した企業の調査研究から提唱した新しい企業概念です。彼らの説明によると，大略次のようになります。

ビジョナリーカンパニーの特徴は，ビジョンをもち，未来志向であり，先見的であり，同業他社の間で広く尊敬を集め，大きなインパクトを世界に与え続けてきていること，などです。そして，企業が永続していくための源泉を「基本理念」の確立に求め，理念と理想に沿い社運をかけた大胆な目標を堅持し，積極的に試行錯誤を繰り返しながら事業に取り組んでいきます。それは，カルトのような文化ともよべる社員の「進歩への強烈な意欲と興奮」をかりたてる組織であり，特徴のある製品，サービス，競争力をもち，多くの行動成果によって他社に先駆けた機会を獲得します。これらによって，その企業が社会になくてはならない存在となるとともに，長期的に優れた投資収益を得ることが可能になり，逆境に陥ったときにもずば抜けた回復力を発揮できます。ビジョナリーカンパニーになるには，基本理念を維持し，基本的価値観を変えず，進歩を促す組織を築いていく終わりのない過程に長期的に取り組むことが必要です。

(13) ベンチャー・ビジネス (Venture business[13])

既存の大企業が進出しにくい新規の事業分野を開拓したり参入していこうとする人々が，会社を興して事業を営むことです。そのためベンチャー・ビジネスの企業家には成長意欲が強く，またリスクを恐れない性格の人が多く，開発した商品やサービスも独創的なも

のが多いという特色があるので，創業者の個性色の強い企業活動を
展開する傾向があります。

　日本では，1970年〜73年にかけて第1次ベンチャーブームが起
こり，研究開発型のハイテクベンチャー企業が多数設立されました。
そして1982年から86年までの間に第2次ベンチャーブームが起こ
り，ベンチャーの資金運用を助けるベンチャー・キャピタルが主役
を演じました。このときには，事業の展開が製造業から流通やサー
ビス産業に広がりましたが，過大な投資と円高不況により次つぎと
倒産しました。その後，バブル崩壊を経て長期不況に突入した
1995年から新たに第3次ベンチャーブームが起こりました。その
特色としては，一般中小企業と違い，高度な能力がある専門家がい
たり，成長力や利益率も高く，独創的な製品や商品を開発し新市場
の開発に積極的であることがあげられます。現在，ベンチャー企業
は，情報通信を始め，住宅関連，娯楽，社会環境などの分野にまで
広がっています（当用語解説は，筆者自身が執筆した佐久間信夫他編
『現代経営用語の基礎知識』学文社，2001年，経営学史学会編『経営学
史事典』文眞堂，2002年に加筆修正したものです。なお，上記執筆にあ
たっては，下記の文献を総合的に参照しました）。

注

1）神戸大学大学院経営研究室編『経営学大辞典（第2版）』中央経済
　社，1999年，pp. 239-240
　Drucker, P. F., *THE PRACTICE OF MANAGEMENT*, Harper &
　Row, 1954.（野田一夫監修，現代経営研究会訳『現代の経営（上）（下）』
　ダイヤモンド社，1987年，上田惇生訳『［新訳］現代の経営（上）
　（下）』1996年）

Chandler, A. D. Jr., *Strategy and Structure*, Chapters in the History of the Industrial Enterprise, The M.I.T. Press, Cambridge, Massachusetts, 1962.（三菱経済研究所訳『経営戦略と組織』実業之日本社，1967年）

Ansoff, H. Igor, *Corporate Strategy*, McGraw-Hill, 1965.（広田寿亮訳『企業戦略論』産業能率大学，1969年）

Hofer, Charles W., Schendel, D., *Strategy Formulation*：*Analytical Concepts*, West Publishing Co., 1978.（野中郁次郎・榊原清則・奥村昭博訳『戦略策定』千倉書房，1978年）

奥村昭博『経営戦略』日経文庫，1989年

Mintzberg, H., Mintzberg On Management, The Free Press, 1989.（北野利信訳『人間感覚のマネジメント』ダイヤモンド社，1991年）

Hamel, G. & C. K. Prahalad, *Competing For The Future*, Harvard Business School Press, 1994.（一條和生訳『コア・コンピタンス経営』日本経済新聞社，1995年）

伊丹敬之『経営戦略の論理』日本経済新聞社，1980年，『新・経営戦略の論理』日本経済新聞社，1984年

奥村昭博『企業イノベーションへの挑戦』日本経済新聞社，1986年

野中郁次郎『知識創造の経営』日本経済新聞社，1990年

2) 石井淳蔵・奥村昭博・加護野忠男・野中郁次郎『経営戦略論（新版）』有斐閣，1996年，pp. 159-161

3) 梅澤正『企業文化の革新と創造』有斐閣選書，1990年，pp. 53-86

4) 梅澤正『企業文化の革新と創造』有斐閣選書，1990年，pp. 130-137

5) Porter, Michael E., *Competitive Strategy*, The Free Press, 1980.（土岐坤・中辻萬治・服部照夫訳『競争の戦略』ダイヤモンド社，1980年，pp. 55-71）

6) Ansoff, H. Igor, *The New Corporate Strategy*, Arboretum Place Scripps Ranch San Diego, California 1988.（中村元一・黒田哲彦訳『最新・戦略経営』産業能率大学出版部，1990年，pp. 170-175）

7) 野中郁次郎『知識創造の経営』日本経済新聞社，1990年

Nonaka, I., Takeuchi, H., *The Knowledge-Creating Company*, Oxford University Press, Inc. 1995.（野中郁次郎・竹内弘高・梅本勝博

訳『知識創造企業』東洋経済新報社，1996 年，pp. 83-134, pp. 184-238）

8）Abernathy, W., Clark, K., Kantrow, M., *Industrial Renaissance*, Basic Books, 1983.（日本興業銀行産業調査部訳，望月嘉幸監訳『インダストリアルルネサンス』TBS ブリタニカ，1984 年，pp. 34-61）

9）石井淳蔵・奥村昭博・加護野忠男・野中郁次郎『経営戦略論（新版）』有斐閣，1996 年，pp. 77-94

Abell, Derek F., Hammond, J. S., *Strategic Market Planning*, Prentice-Hall, 1979.（片岡一郎・古川公成・滝沢茂・嶋口光輝・和田充夫訳『戦略市場計画』ダイヤモンド社，1982 年）

10）Buzzell, Robert D., Gale, Bradley, T., *The Pims Principles*, The Free Press, 1987.（和田充夫・八七戦略研究会訳『新 PIMS の戦略原則』ダイヤモンド社，1988 年，pp. 6-21, pp. 40-66）

相川勝夫・矢作恒夫「収益性決定要因としてのマーケットシェアに関する一考察(1)(2)」『慶應経営論集』第 5 巻第 2 号，1984 年 3 月，第 6 巻第 1 号，1985 年 3 月

11）J・C・アベグレン／ボストン・コンサルティング・グループ編著『ポートフォリオ戦略』プレジデント社，1977 年，pp. 69-78

12）Collins, James C., Porras, Jerry I., *Built To Last: Successful Habits of Visionary Companies*, Curtis Brown Ltd. in New York, 1994.（山岡洋一訳『ビジョナリーカンパニー』日経 BP 出版センター，1995 年，pp. 343-390）

13）松田修一『ベンチャー企業』日本経済新聞社，1998 年，pp. 15-55

初出一覧

第1章 「実学への道―私の 45 年間の歩み―」『高崎商科大学紀要』第 30 号，2015 年，pp. 17–23

第2章 「人間の行動メカニズムと経営資源の活用」拙著『実践的経営戦略論（第三版)』第 2 章加筆・修正して再掲

第3章 「未来志向型戦略の周辺」『高崎商科大学紀要』第 29 号，2014 年，pp. 61–66

第4章 「仕事と人生と実学」『高崎商科大学紀要』第 31 号，2016 年，pp. 73–80

第5章 「仕事と人生と実学」『高崎商科大学紀要』第 31 号，2016 年，pp. 80–84

第6章 「経営者能力論」拙著『実践的経営戦略論（第三版)』第 4 章加筆・修正して再掲

第7章 「私の人生の応援歌」書き下ろし

「付・用語解説」拙著『実践的経営戦略論（第三版)』補章

人名索引

あ行

相川勝夫……………………… 125
青井倫一……………………… 40
アバナシー，W. J. ………… 123
アベグレン，J. C ………… 126
アンゾフ…………………… 116, 121
伊丹敬之……………… 34, 40, 116
上田惇生……………………… 53
ウォータマン，R. H. ……… 118
内田義彦…………………… 15, 27
内田成……………………………… 3
梅澤正…………………… 118, 119
エイベル，D. F. …………… 124
岡本太郎……………………… 110
奥村昭博……………………… 117
小野桂之介………2, 3, 19, 20, 28,
　　　　29, 39, 86, 109, 113

か行

加護野忠男…………………… 117
ゲイル，B. T. ……………… 125
江竜龍太郎…………………… 27
小林薫………………………… 53
コリンズ，J. C.……………… 128

さ行

サムエルソン………………… 15
シェンデル，D.……………… 116
嶋口充輝…………………… 40, 87
清水龍瑩…………………… 90, 105

た行

高田彬………………………… 14
チャンドラー，………… 115, 116
土岐坤………………………… 54
ドラッカー，P. F. … 53, 90, 115

な行

西尾豊………………………… 26
沼上幹………………………… 40
野口祐………… 3, 19, 20, 28, 110
野近和夫……………………………… 3
野中郁次郎…………… 117, 121
信岡資生……………………… 26

は行

萩原和……………………………… 3
バゼル，R. D. ……………… 125
服部照夫……………………… 54
ハメル………………………… 116
ピーターズ，T. J.…………… 118
ヒューズ，G. D. ……………… 87
ヒルファーディング………… 16
廣松渉………………………… 15
藤田五郎……………………… 26
プラハラード………………… 116
ポーター…………………… 116, 120
ホーファー，C. W. ………… 116
ポラス，J. I.………………… 128

ま行

マズロー，A.…………… 30, 31, 39

松尾博·················· 15
マルクス················ 15, 16
ミンツバーグ·············· 116

や行

矢作恒雄················ 40, 125
山内隆·················· 27
山田鋭夫················ 3, 15, 27

r行

レビット，T.·············· 53
ロスチャイルド，W. E. ··· 54, 113

わ行

和田充夫················ 40, 87

事項索引

あ行

愛知県立大学·············· 24
アストン大学·············· 22
暗黙知·················· 122
生きがい················ 55
意思決定能力·············· 74
イノベーション········· 123, 124
SWOT 分析 ·············· 82
MBA ············ 47−49, 61, 68
岡崎女子短期大学····· 21−23, 26
岡崎女子短期大学経営実務科··· 25
恩師··················· 109

か行

科学的態度·············· 93, 100
格差問題················ 46
学習·················· 75
学習効果················ 76
カシをつくるくせ········ 101, 102
価値観·················· 58
金のなる木·············· 127
環境の変化··············· 93
環境変化················ 93
管理者型················ 93

管理者精神·············· 93, 101
機会損失················ 48, 88
企画力················· 67, 80
企業············ 91, 115, 116
企業家精神·············· 95, 96
企業型·················· 93
企業家精神··············· 96
企業戦略論··············· 113
企業文化················ 37
技術革新················ 120
機能分野················ 97
機能分野別戦略············ 115
キャリアデザイン············ 113
教師の役割··············· 80
競争社会················ 83
共同化·················· 122
金融資本論··············· 16
経営学················ 93, 115
経営資源······· 29, 34, 38, 39, 115
経営者··············· 91−93
経営者能力·············· 90, 104
経営戦略·········· 34, 56, 65, 72,
          77, 112, 113, 115, 116
経営戦略のプランニング··· 20, 25
経営戦略論·············· 74, 75, 77
経営努力················ 80
慶應義塾大学大学院経営管理研

究科……………………… 16, 25
慶應義塾大学大学院博士後期
　課程…………………………… 26
慶應義塾大学ビジネススクール
　…………………… 16−18, 25, 68, 70,
　　　78, 85, 107−110, 114
経験………………………………… 67
形式知…………………………… 146
計数感覚……………………… 100, 101
ケース・メソッド……………… 70
決断力……………………………… 97
研究領域………………………… 113
健康……………………………… 102
健康管理………………………… 102
好奇心…………………………… 103
コーポレート・アイデンティ
　ティ…………………………… 119
コストリーダーシップ………… 91
コミュニケーション………… 111
コングロマリット……………… 121

さ行

再チャレンジ…………………… 83
財務資源………………………… 35
財務諸表………………………… 57
差別化戦略…………………… 91, 120
資格…………………………… 62, 78
資格試験………………………… 82
滋賀大学経済学部…… 13, 24, 108
時間の有効利用の態度……… 100
事業戦略………………………… 115
事業部制組織…………………… 116
仕事……………… 55, 59, 68, 77
仕事と人生……………………… 56
仕事生活……… 55, 58, 59, 66−67
システム思考………………… 100
したいこと……………………… 77
実学……………………………… 10
執行……………………………… 90

執行管理………………………… 90
しなければならないこと……… 77
資本論…………………………… 16
使命感…………………………… 93
就職……………………………… 59
就職活動………………………… 79
情報……………………………… 49
情報格差………………………… 49
情報収集………………………… 81
情報収集力……………………… 103
情報戦…………………………… 49
情報創造………………………… 122
情報的資源………………… 36−39
将来構想の構築………………… 90
将来構想………………………… 90
将来設計………………………… 84
将来展望………………………… 113
職業……………………………… 79
職場……………………………… 79
ジョブ型社会……………… 59, 60
信賞必罰………………………… 99
人生戦略………………………… 29
人生戦略論……………………… 113
人生の応援歌……… 89, 113, 114
人生…… 63, 65, 77, 81, 82, 106,
　　　　　109, 110, 112
人生のロードマップ…………… 29
人的資源………………………… 34
信念…………………………… 93, 96
成熟段階………………………… 123
精神論…………………………… 98
責任感…………………………… 99
先見性…………………………… 92
先見性のある態度……………… 96
全社戦略………………………… 115
戦略…………………………… 65, 90
戦略的意思決定………………… 90
創業者社長……………………… 97
想像力…………………………… 96
組織文化論……………………… 143

損益分岐点······················ 100

た行

第二新卒····················· 46
対話力···················· 75, 76
多角化························ 116
高崎商科大学····· 23-26, 27, 108
知識········ 58, 62, 67, 69, 72, 74
知識スパイラル··············· 122
知識創造················· 121, 122
長期の視点··················· 78
直観力······················ 96
手遅れ型···················· 67
適性検査···················· 46
できること··················· 77
動機づけ···················· 51
洞察力······················ 97
道徳観······················ 99
トップマネジメント··········· 92
ドミナント・デザイン········· 123
ドメイン················· 87, 124
努力························ 64
トレーニング················ 76
泥縄型······················ 67

な行

内面化······················ 122
人間関係···················· 79
人間的魅力·················· 99
人間力······················ 75
人間尊重の態度········ 93, 98, 100
人間の行動メカニズム········· 29
人事考課···················· 99
ノウハウ···················· 70
能力···················· 69-71

は行

花形製品···················· 127
判断力···················· 72-74
PIMS   124
彦根高商···················· 13
ビジョナリーカンパニー······ 128
人柄························ 98
PPM（Product Portfolio
　Management）········ 126, 127
表出化······················ 122
物的資源···················· 35
ブランド···················· 91
プレゼン···················· 76
分析的思考能力·············· 91
ベンチャー・キャピタル······ 129
ベンチャー・ビジネス········ 128
包容力······················ 98
簿記························ 57
ボストン・コンサルティング・
　グループ··················· 126

ま行

負け犬······················ 127
マネジメント能力············· 80
満足························ 64
満足感······················ 29
未来志向···················· 41
未来志向型戦略··········· 41, 66
未来提示型·················· 119
魅力のある人間·············· 80
メンタル···················· 72
メンバーシップ型············· 60
メンバーシップ型社会····· 59, 60
モチベーション··········· 50, 72
物事の本質·················· 97
モラール··············· 50, 99
問題指摘型·················· 119

問題児…………………………… 127

や行

野心………………………………… 93
豊かな仕事生活…………………… 58

ら行

ラーニングカンパニー………… 45
ラーニングマン………………… 45

ライフスタイル………………… 81
リスク……………………… 81−84
リストラ………………………… 83
リーダーシップ能力………… 101
理念……………………………… 93
流通チャネル…………………… 38
流動的段階………………… 123
倫理観…………………………… 99
連結化…………………… 122
労働……………………………… 63

著者紹介

松永美弘（まつなが　よしひろ）

1951 年	兵庫県生まれ
1976 年	滋賀大学経済学部経営学科卒業。卒業後，企業（経営）実務に従事
1986 年	慶應義塾大学大学院経営管理研究科修士課程修了 （経営学修士）
1989 年	慶應義塾大学大学院商学研究科博士後期課程満期退学
1990 年	岡崎女子短期大学経営実務科助教授
1999 年	同教授
2001 年	高崎商科大学流通情報学部流通情報学科教授
2006 年	高崎商科大学大学院流通システム研究科教授
2010 年	高崎商科大学商学部商学科教授（名称変更により）
2011 年	高崎商科大学大学院商学研究科教授（名称変更により）
～現在	経営学基礎，経営戦略論担当 岐阜経済大学（2000 年 4 月～2001 年 3 月） 国立大学法人　埼玉大学（2004 年 4 月～2009 年 9 月），各非常勤講師 Aston Business School. Honarary Visiting Professor（1993 年 8 月～1994 年 2 月）

著　書　　『新・実学の学び—現実感覚のマネジメント—』学文社，2014 年
　　　　　『実践的経営戦略論』学文社，2004 年（20007 年　第二版，2011 年　第三版）
　　　　　『ケース・メソッドで学ぶ文章上達法』学文社，2006 年
　　　　　『経営戦略のプランニング』白順社，1988 年
　　　　　『現代経営学総論』（編著）海声社，1997 年
　　　　　『現代経営用語の基礎知識』（共著）学文社，2001 年
　　　　　『経営学史事典』（共著）文眞堂，2002 年
　　　　　『新流通・経営概論』（共著）成山堂書店，2009 年
　　　　　『リーンマネジメント論』（ドイツ語訳書）ハンス・コルステン／トーマス・
　　　　　ヴィル編著，海声社，2000 年

新・実学への道—人生の応援歌—

2017 年 1 月 30 日　第 1 版第 1 刷発行

著　者　松　永　美　弘

発行者　田　中　千　津　子
発行所　株式会社　学　文　社

〒 153-0064　東京都目黒区下目黒 3-6-1
電話（03）3715-1501(代)　振替 00130-9-98842
http://www.gakubunsha.com

落丁・乱丁本は，本社にてお取り替えします。　　◎検印省略
定価は売上カード・カバーに表示してあります。
印刷／シナノ印刷㈱
ISBN 978-4-7620-2693-5